[改訂版]

会話で学ぶ／CD付

初級中国語

田 中 英 夫 著

丸善プラネット

はじめに

日中両国の交流は、公式の記録に残っている歴史だけでも、すでに千数百年の歳月を刻んでいます。日中両国の関係は、1972年の国交正常化によって画期的な変化を遂げ、人的交流および経済協力は次第に拡大し、たがいに補い合い助け合う関係が一段と深まっています。

日中平和友好条約締結45周年記念事業として2023年10月21に開催された「チャイナフェスティバル札幌23」式典において、中華人民共和国駐札幌代理総領事の夏少傑氏は次のように挨拶されました。

「2023年は日中平和友好条約締結45周年であり、中国改革開放45周年でもあります。この45年来、中日両国の利益は深く融合し合い、互恵協力の成果は豊かなものです。人的往来は延べ1200万人に達し、両国間の貿易額は3700億ドルを超え、中国にある日系企業は3万を突破し、姉妹都市は260組以上になっています。両国は既に互いに依存し合い、切っても切れない利益共同体、発展共同体となっており、両国民に強大な利益をもたらしています」

こうした実情を踏まえると、仕事でも、個人的な付き合いでも、日本の人々が中国の人々と接触する機会は多くなっており、中国語ができることで、より良いコミュニケーションが可能となることは明らかであります。また、日本の企業においても中国語ができる人材を必要としています。

本教科書はこのような現状を意識しながら、誰でも話せる初級中国語の教科書を目指し、多くの学生が中国語の学習に親しみ、使える中国語が学べるよう工夫したテキストです。

本教科書はほんの初級のところで終わりますが、将来、必要があって独学で程度の高い中国語を学ぶときの基礎となる内容であります。

［新版］会話で学ぶ/CD付初級中国語が出版されてから、すでに十数年に達しましたので、このたび誤字や脱漏を訂正し、［改訂版］として世に送

る運びとなりました。

［改訂版］の出版にあたっては、藤井得弘先生に誤字や脱漏のチェックを担当していただきました。心より感謝申し上げます。

筆者として最善を尽くし細心の注意を払って、チェックを行なったつもりではありますが、気が付かなかったミスや不備もなおあるかも知れません。中国語教育界の叱正や、利用される皆様からの忌憚のない貴重なご意見をお待ち申し上げます。

2023年師走

筆　者

目　次

Ⅰ．基礎知識

(1) 中国のことば …… 1
(2) 中国語の文字表記 …… 2
(3) 中国語の発音表記 …… 3
(4) 中国語の音節 …… 3
(5) 中国語の声調 …… 4

Ⅱ．発　音　編

(1) 四声の発声 …… 5
(2) 母　　音 …… 6
　1. 単母音の発音 …… 6
　2. 複母音の発音 …… 7
　3. n と ng を伴う母音の発音 …… 8
(3) 子　　音 …… 10
　1. 子音の発音 …… 10
　2. 有気音と無気音 …… 11
　3. 子音の後ろに“ü”“üe”“üan”“ün”などの母音が付く場合の綴り規則 …… 11
(4) 発音の総合練習 …… 15
　1. 声調記号の付け方 …… 15
　2. 母音の復習 …… 16
　3. 子音の復習 …… 16
　4. その他の発音練習 …… 17
中国語音節一覧表 …… 100

Ⅲ. 会 話 編

第 1 課 您贵姓? お名前は何とおっしゃいますか。…………………… 20
第 2 課 今天几月几号? 今日は何月何日ですか。……………………… 25
第 3 課 这是什么? これは何ですか。……………………………………… 31
第 4 課 你是哪国人? あなたはどこの国の方ですか。 ……………… 37
第 5 課 你家有几口人? あなたの家族は何人ですか。 ……………… 42
第 6 課 你家在哪里? あなたの家はどこにありますか。 …………… 47
第 7 課 这件毛衣多少钱? このセーターはいくらですか。………… 52
第 8 課 你想吃什么? あなたは何を食べたいのですか。 …………… 57
第 9 課 你去过北京什么地方?
あなたは北京のどこかに行ったことがありますか。 ……… 61
第10課 你会唱汉语歌曲吗? あなたは中国語の歌を歌えますか。… 66

Ⅳ. 日常会話練習帳

一問一答 100 ……………………………………………………………………… 71

Ⅴ. 日中の漢字

意味が違う漢字集 ………………………………………………………… 85

Ⅵ. 経営・情報用語集

(1) 経営用語(日中英) ……………………………………………………… 89
(2) 情報用語(日中英) ……………………………………………………… 94

あいさつ語・常用文

(1) 你好！　こんにちは。…… 24
(2) 再见！　さよなら。…… 30
(3) 请问！　おたずねします。…… 36
(4) 欢迎！　ようこそ。…… 41
(5) 让你久等了。お待たせしました。…… 46
(6) 真可惜！　本当に残念だ。…… 51
(7) 别客气。ご遠慮なく。…… 56
(8) 加油！　がんばれ！…… 60
(9) 多少钱?　いくらですか。…… 65
(10) 祝贺你！　おめでとう。…… 70

漢字いろいろ

(1) 国名の漢字は？…… 24
(2) 企業名の漢字は？…… 30
(3) スポーツ名の漢字は？…… 36
(4) 音楽と楽器名の漢字は？…… 41
(5) 会社・企業での漢字は？…… 46
(6) 家電製品の漢字は？…… 51
(7) 野菜名の漢字は？…… 56
(8) 乗り物名の漢字は？…… 60
(9) 歴史的建造物名の漢字は？…… 65
(10) 料理名の漢字は？…… 70

I. 基礎知識

(1) 中国のことば

1. 汉语（Hànyǔ）について

中国は多民族国家でさまざまな民族がそれぞれ固有の民族語を使って暮らしている。たとえば、チベット族やモンゴル族はそれぞれチベット語やモンゴル語を日常用語にしている。私たちがこれから学ぶ中国語とは最多数の民族である汉族（漢民族）が話していることばのことで、中国国内ではこれを「汉语（漢語）」あるいは「中文」と呼ばれていることばである。

しかし、台湾に住む中国人は漢語ではなく、「国语（国語）」と言う。また、海外に住む華僑と華人も漢語ではなく、「华语（華語）」と言うことが多いようである。

同じ漢民族が話すことばであっても「汉语」には地域によって大きな方言差がある。上海方言や広東方言などは全国には通じないことがある。また、上海の人と広東の人の間では、お互いに方言で話すと、通訳がいないと会話が成立しない。

2. 普通话（pǔtōnghuà）について

それでは、中国全土に通じるのはどんな種類のことばなのであろうか。日本の「標準語」が日本の首都東京のことばを基礎にしているが、中国の「標準語」は中国北方地区のことばを基礎にしている。中国ではこれを全国に通じることば、つまり「普通话」（共通語）と呼んでおり、56 民族の共通言語となった。私たちがこれから学ぶ中国語はこの「普通话」である。

普通话さえ学んでおけば中国どこへ行っても困ることはない。また、台湾、香港、マカオはもとより、シンガポール、そして世界中の華僑と華人社会でもこの普通活はコミュニケーションの道具として威力を発揮している。

(2) 中国語の文字表記

中国語と言えば誰もが漢字を思い浮かべるが、日本人は「漢字なら私も知っている」という安心感があり、中国語には格別な親しみを感じている。

ところが、中国大陸の公式の漢字は独自に簡略化された簡体字を使っているので、日本人にはなじみのない字体もある。

中国政府は1956年に「汉字简化方案」(漢字簡略化方案) を公表し、1964年に「简化字总表」(簡体字一覧表) を公表した。これらの漢字改革により、日本の漢字と中国の漢字には字形 (字体) の異なるものが増えた。

[例]	門 → 门	業 → 业	貴 → 贵
	見 → 见	習 → 习	電 → 电
	長 → 长	聞 → 闻	書 → 书
	職 → 职	現 → 现	開 → 开
	鋼 → 钢	帳 → 帐	華 → 华
	雲 → 云	語 → 语	動 → 动

注：矢印の左は日本の漢字、右は中国の漢字。

非公式の場面では簡略化される以前の旧字体、いわゆる「繁体字」が使われることもある。また、台湾、香港、マカオに住む中国人および海外に住む華僑と華人の間では、簡体字ではなく、繁体字が使われている。簡体字の元は「繁体字」であり、台湾、香港、マカオ、などでは公式表記としている。

日本と中国はお互いに「似て非なるもの」だと思うことがしばしばある。「同文同種」はお互いの勝手な思い込みが起りやすい。実際は「似ている」がゆえに誤解も多い。たとえば次のように同じ漢字を使っていることがよく誤解を生んでいる。

中国語の「汽车」は日本語で「自動車」で、日本語の「汽車」は中国語では「火车」である。また中国語で「爱人」という漢字は「配偶者」を意味しており、「娘」という漢字は「お母さん」の意味である。

(3) 中国語の発音表記

日本では漢字の読み方が分からないとき、漢字に振り仮名（ルビ）を付けることがあるが、中国では仮名の代わりにローマ字を使うのである。中国語のローマ字表記を「ピンイン」と言う。このローマ字表記によるピンインは、漢字に振り仮名のように添えたりする。

日本人が小学校で、まず仮名を習って漢字の読み方を覚えていくように、中国の小学生も入学すると、まずこのピンインを習う。また、ピンインは中国の人名や地名をローマ字で表記する際の国際標準になっており、英字新聞での表記や中国語辞典の発音表記もピンインで示されている。

［**例**］ 北京　Běijīng（都市名）　　郝恵　HǎoHuì（人名）

中国語を学ぶには、どうしてもまずこのピンインの読み方をマスターする必要がある。それがことばとしての中国語を捕まえる第一歩である。

(4) 中国語の音節

中国語の音節とは中国語の漢字一つ一つの「音の単位」のことを指す。中国語は一つの漢字が一つの音節をもっており、母音だけからなる音節もあれば、子音＋母音で構成されるものもある。

1. 母音だけからなる音節

［**例**］ 饿 è　空腹である
油 yóu　油
暗 àn　暗い

2. 子音＋母音で構成される音節

［**例**］ h「子音」+ e「単母音」⇒ hē（喝）飲む
m「子音」+ ai「複母音」⇒ mài（卖）売る
x「子音」+ in「n と ng を伴う母音」
⇒ xìn（信）手紙

(5) 中国語の声調

中国語には音の上がり下がりがあり、それを「声調」と言う。声調は全部で4種類あるので、それを「四声」とも言う。

4種類の声調を順に、第一声、第二声、第三声、第四声と呼び、ピンインの母音の上にそれぞれ四つの声調記号をつけて区別する。

第一声：高く平らに発声する。声調記号は“ˉ”。

第二声：勢いよく上げて発声する。声調記号は“ˊ”。

第三声：低く低く抑えてから上げて発声する。声調記号は“ˇ”。

第四声：勢いよく下げて発声する。声調記号は“ˋ”。

［**例**］ 第一声： mā（妈） → お母さん

第二声： má（麻） → 麻

第三声： mǎ（马） → 馬

第四声： mà（骂） → 罵る

また、四声のほかに、本来の声調を失い、短く軽く発音する「軽声（けいせい）」もある。軽声には声調記号はつけない。

［**例**］ 軽声：māma（妈妈） → お母さん（アンダーラインが軽声）

Ⅱ. 発 音 編

(1) 四声の発音 ❶〜❸

1. a（アー）で四声の発音を練習する。

第一声　ā　⇒　高く平らに発声する。 

第二声　á　⇒　勢いよく上げて発声する。 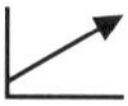

第三声　ǎ　⇒　低く低く抑えてから上げて発声する。 

第四声　à　⇒　勢いよく下げて発声する。 

2. ma（マー）で四声の発音を練習する。

第一声　mā　⇒　高く平らに発声する。 

第二声　má　⇒　勢いよく上げて発声する。 

第三声　mǎ　⇒　低く低く抑えてから上げて発声する。 

第四声　mà　⇒　勢いよく下げて発声する。 

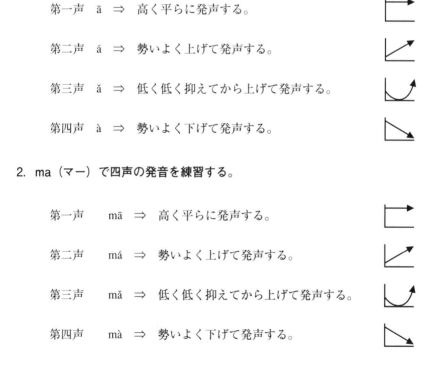

3. 四声を続けて発声練習する。

妈妈骂马　māma mà mǎ（お母さんは馬を叱り付ける）

(2) 母　　音

中国語の母音には、単母音（7 個）、複母音（13 個）、n と ng を伴う母音（16 個）がある。

1. 単母音の発音 ❹

単母音は 6 個、それに「そり舌母音 er」を加えて全部で次の 7 個である。

a ：日本語のアの発音に近い。
o ：日本語のオの発音に近い。
e ：口は半開きでしぼり出すように、または、うめくようにウと発音する。
i ：日本語のイの発音に近い。
u ：日本語のウの発音に近い。
ü ：日本語でウと発音する口の形でイと発音する。
er：英語の R の発音に近い。

単母音の綴り規則

"i" "u" "ü" で始まる単母音の音節は、それぞれ次のように綴る。

［例］i → yi　yí（移）移す
　　u → wu　wù（雾）霧
　　ü → yu　yǔ（雨）雨

■発音の練習 ❺

次の単母音の発音練習をする。

◇	a	⇒	ā	á	ǎ	à
◇	o	⇒	ō	ó	ǒ	ò
◇	e	⇒	ē	é	ě	è
◇	i	⇒	yī	yí	yǐ	yì
◇	u	⇒	wū	wú	wǔ	wù
◇	ü	⇒	yū	yú	yǔ	yù
◇	er	⇒	ēr	ér	ěr	èr

2. 複母音の発音 ❻

単母音が二つ以上連なったものを複母音という。複母音は全部で次の 13 個ある。

ai ：アィ	uo ：ゥオ
ei ：エィ	üe ：ユエ
ao ：アォ	iao ：ィヤォ
ou ：オゥ	iou ：ィオゥ
ia ：ィヤ	uai ：ゥワィ
ie ：ィヤェ	uei ：ゥウェィ
ua ：ゥワァ	

複母音の綴り規則

"ia" "ie" "ua" "uo" "üe" "iao" "iou" "uai" "uei" で始まる複母音の音節は、それぞれ次のように綴る。

［例］	ia	→	ya	yá	（牙）	歯
	ie	→	ye	yè	（夜）	夜
	ua	→	wa	wā	（挖）	掘る
	uo	→	wo	wǒ	（我）	私
	üe	→	yue	yuè	（月）	月
	iao	→	yao	yāo	（腰）	腰
	iou	→	you	yóu	（油）	油
	uai	→	wai	wāi	（歪）	歪んでる
	uei	→	wei	wèi	（胃）	胃

■発音の練習 ❼

次の複母音の発音練習をする。

◇	ai	⇒	āi	ái	ǎi	ài
◇	ei	⇒	ēi	éi	ěi	èi
◇	ao	⇒	āo	áo	ǎo	ào

◇	ou	⇒	ōu	óu	ǒu	òu
◇	ia	⇒	yā	yá	yǎ	yà
◇	ie	⇒	yē	yé	yě	yè
◇	ua	⇒	wā	wá	wǎ	wà
◇	uo	⇒	wō	wó	wǒ	wò
◇	üe	⇒	yuē	yué	yuě	yuè
◇	iao	⇒	yāo	yáo	yǎo	yào
◇	iou	⇒	yōu	yóu	yǒu	yòu
◇	uai	⇒	wāi	wái	wǎi	wài
◇	uei	⇒	wēi	wéi	wěi	wèi

3. n と ng を伴う母音の発音 ❽

鼻音（びおん、n と ng）を伴う母音は全部で次の 16 個ある。

語尾が n で終わるものは「ン」のとき口を閉じて発音し、なおかつ、「ッ」で終わることを忘れないこと。スピーディーに発音。

語尾が ng で終わるものは「ン」のとき口を開けたまま発音し、なおかつ、あくびをしたときのように鼻にかけることを忘れないこと。

an	：アン	ing	：インー
en	：エン	iong	：イヨーン
ang	：アンー	uan	：ゥウァンッ
eng	：エンー	uen	：ゥウェンツ
ong	：オンー	uang	：ゥウァーン
ian	：イヤンッ	ung	：ゥウェーン
in	：インッ	üan	：ュエンッ
iang	：イヤーン	ün	：ユウィンッ

n と ng を伴う母音の綴り規則

“ian” “in” “iang” “ing” “iong” “uan” “uen” “uang” “ueng” “üan” “ün” で始まる n と ng を伴う母音の音節は、それぞれ次のように綴る。

［例］ ian → yan yàn（燕） つばめ

in → yin yín（银） 銀

iang	→	yang	yáng（羊）	ひつじ
ing	→	ying	yíng（赢）	勝つ
iong	→	yong	yòng（用）	用いる
uan	→	wan	wán（玩）	遊ぶ
uen	→	wen	wén（蚊）	蚊
uang	→	wang	wàng（忘）	忘れる
ueng	→	weng	wēng（翁）	老人（男性）の通称
üan	→	yuan	yuǎn（远）	遠い
ün	→	yun	yún（云）	雲

■発音の練習 ❾

次の n と ng を伴う母音の発音練習をする。

◇	an	⇒	ān	án	ǎn	àn
◇	en	⇒	ēn	én	ěn	èn
◇	ang	⇒	āng	áng	ǎng	àng
◇	eng	⇒	ēng	éng	ěng	èng
◇	ong	⇒	ōng	óng	ǒng	òng
◇	ian	⇒	yān	yán	yǎn	yàn
◇	in	⇒	yīn	yín	yǐn	yìn
◇	iang	⇒	yāng	yáng	yǎng	yàng
◇	ing	⇒	yīng	yíng	yǐng	yìng
◇	iong	⇒	yōng	yóng	yǒng	yòng
◇	uan	⇒	wān	wán	wǎn	wàn
◇	uen	⇒	wēn	wén	wěn	wèn
◇	uang	⇒	wāng	wáng	wǎng	wàng
◇	ueng	⇒	wēng	wéng	wěng	wèng
◇	üan	⇒	yuān	yuán	yuǎn	yuàn
◇	ün	⇒	yūn	yún	yǔn	yùn

注：i, u, ü で始まる n と ng を伴う母音の音節はそれぞれ、y, w, yu に書き換える。ただし、in と ing はそれぞれ、yin と ying に書き換える。

(3) 子　　音

中国語の音節は、母音のみか子音と母音で構成されている。子音と母音で構成されている場合、子音は必ず音節の初めにくる。中国語の「普通话」(共通語) には21個の子音がある。

1. 子音の発音 ⑩〜⑮

発音の部位によって次のような六つのグループに分かれる。なお、(　) 内の単母音は子音の発音を練習するために用いる。

(1) 唇音 (しんおん)

唇を中におりこむようにして発音する。

b(o) : ボー　p(o) : ポー　m(o) : モー　f(o) : フォ

(2) 舌尖音 (ぜっせんおん)

舌を口の中で弾ませながら発音する。

d(e) : ドゥー　t(e) : トゥー　n(e) : ヌー　l(e) : ルー

(3) 舌根音 (ぜっこんおん)

口を半開きにし、うめくように声を出し、またはしばり出すように声を出して発音する。

g(e) : グー　k(e) : クー　h(e) : フゥー

(4) 舌面音 (ぜつめんおん)

ずっとイの口で上下の歯と歯をかみ合わせ発音する。

j(i) : ジ　q(i) : チ　x(i) : シ

(5) そり舌音 (そりじたおん)

ずっとイの口で上下の歯と歯をかみ合わせ、zh と ch は舌の先端をうわあごにあて発音、sh と r は舌の先端をうわあごにあてずに発音する。

zh(i) : ヅー　ch(i) : チィ　sh(i) : シィ　r(i) : リィ

(6) 舌歯音 (ぜっしおん)

ずっとイの口で発音する。

z(i) : ズ　c(i) : ッ　s(i) : ス

2. 有気音と無気音

中国語の子音には有気音と無気音がある。発音の際に強く息を出すのが有気音である。それに対して、発音の際にほとんど息を出さないのが無気音である。有気音と無気音は全部で 12 個ある。

(1) 有気音：P(o)　t(e)　k(e)　q(i)　ch(i)　c(i)

(2) 無気音：b(o)　d(e)　g(e)　j(i)　zh(i)　z(i)

3. 子音の後ろに“ü”“üe”“üan”“ün”などの母音が付く場合の綴り規則

(1) 子音“j”“q”“x”の後ろに単母音の“ü”が付くと、“u”と表記する。

［例］ j + ü → ju　jŭ（拳）持ち上げる

q + ü → qu　qù（去）行く

x + ü → xu　xŭ（许）許可する

(2) 子音“j”“q”“x”の後ろに複母音“üe”が付くと“ue”と表記する。

［例］ j + üe → jue　jué（绝）絶っ

q + üe → que　què（雀）スズメ

x + üe → xue　xuĕ（雪）雪

(3) 子音“j”“q”“x”の後ろに n と ng を伴う母音“üan”“ün”が付くと“uan”“un”と表記する。

［例］ j + üan → juan　juăn（卷）巻く

q + üan → quan　quán（泉）泉

x + üan → xuan　xuăn（选）選ぶ

j + ün → jun　jūn（军）軍

q + ün → qun　qún（裙）スカート

x + ün → xun　xún（寻）探す

(4) 子音“n”“l”の後ろに単母音“ü”が付くと、そのまま表記する。

［例］ n + ü → nü　nǚ（女）女

l + ü → lü　lǜ（绿）緑

(5) 子音“n”“l”の後ろに複母音“üe”が付くと、そのまま表記する。

［例］ n + üe → nüe　nüè（虐）虐待する

l + üe → lüe　lüè（略）奪い取る

（6）“uei”“iou”で始まる複母音の音節は、前に子音が付くと、それぞれ次のように綴る。

• uei → ui

［例］ ch（子音）+ uei → ch+ui chuī（吹） 吹く

c（子音）+ uei → c+ui cuī（催） 催促する

d（子音）+ uei → d+ui duì（队） チーム

g（子音）+ uei → g+ui guī（龟） カメ

h（子音）+ uei → h+ui huí（回） 帰る

k（子音）+ uei → k+ui kuī（亏） 損をする

r（子音）+ uei → r+ui ruì（锐） 鋭い

sh（子音）+ uei → sh+ui shuì（睡） 寝る

s（子音）+ uei → s+ui suì（岁） 年

t（子音）+ uei → t+ui tuī（推） 押す

zh（子音）+ uei → zh+ui zhuī（追） 追う

z（子音）+ uei → z+ui zuì（醉） 酒に酔う

• iou → iu

［例］ d（子音）+ iou → d+iu diū（丢） 失う

J（子音）+ iou → j+iu jiǔ（酒） 酒

l（子音）+ iou → l+iu liú（流） 流れる

m（子音）+ iou → m+iu miù（谬） 誤り

n（子音）+ iou → n+iu niú（牛） 牛

q（子音）+ iou → q+iu qiū（秋） 秋

x（子音）+ iou → x+iu xiū（修） 修理する

（7）“uen”で始まる n と ng を伴う母音の音節は、前に子音が付くと、それぞれ次のように綴る。

• uen → un

［例］ ch（子音）+ uen → ch + un chūn（春） 春

c（子音）+ uen → c + un cūn（村） 村

d（子音）+ uen → d + un dūn（吨） トン

g（子音）+ uen → g + un gùn（棍） 棒

h（子音）+ uen	→	h+un	hún	（魂）	たましい
k（子音）+ uen	→	k+un	kǔn	（捆）	束ねる
l（子音）+ uen	→	l+un	lún	（轮）	車輪
r（子音）+ uen	→	r+un	rùn	（润）	潤す
sh（子音）+ uen	→	sh+un	shùn	（顺）	順調である
s（子音）+ uen	→	s+un	sǔn	（损）	損なう
t（子音）+ uen	→	t+un	tūn	（吞）	呑み込む
zh（子音）+ uen	→	zh+un	zhǔn	（准）	許可する
z（子音）+ uen	→	z+un	zūn	（尊）	尊敬する

■発音の練習 ⓰

次の子音の発音練習をする。

◇	b(o)	⇒	bō	bó	bǒ	bò
◇	p(o)	⇒	pō	pó	pǒ	pò
◇	m(o)	⇒	mō	mó	mǒ	mò
◇	f(o)	⇒	fō	fó	fǒ	fò
◇	d(e)	⇒	dē	dé	dě	dè
◇	t(e)	⇒	tē	té	tě	tè
◇	n(e)	⇒	nē	né	ně	nè
◇	l(e)	⇒	lē	lé	lě	lè
◇	g(e)	⇒	gē	gé	gě	gè
◇	k(e)	⇒	kē	ké	kě	kè
◇	h(e)	⇒	hē	hé	hě	hè
◇	j(i)	⇒	jī	jí	jǐ	jì
◇	q(i)	⇒	qī	qí	qǐ	qì
◇	x(i)	⇒	xī	xí	xǐ	xì
◇	zh(i)	⇒	zhī	zhí	zhǐ	zhì
◇	ch(i)	⇒	chī	chí	chǐ	chì
◇	sh(i)	⇒	shī	shí	shǐ	shì
◇	r(i)	⇒	rī	rí	rǐ	rì
◇	z(i)	⇒	zī	zí	zǐ	zì
◇	c(i)	⇒	cī	cí	cǐ	cì
◇	s(i)	⇒	sī	sí	sǐ	sì

注：(　) 内の単母音は子音の発音を練習するために用いる。

(4) 発音の総合復習

1. 声調記号の付け方

(1) 声調記号を付ける方法

声調記号は原則として、次のような方法に従って付けられる。

① 母音が1つの場合は、迷わずにその母音の上に付ける。

［例］ rè（热） → 熱い

fó（佛） → ほとけ（仏）

なお、i につける時は上の点をとる。

［例］ yì（译） → 訳す

qí（骑） → またがって乗る

② 母音が2つ以上ある場合は、以下の方法で付ける。

・a があれば逃さずに a の上に付ける。

［例］ mǎi（卖） → 売る

zāng（脏） → 汚い

・a がなければ e か o の上の付ける。

［例］ duō（多） → 多い

xuè（血） → 血

・i と u が並べば、後ろの母音の上に付ける。

［例］ qiū（丘） → 丘

shuì（睡） → 寝る、眠る

(2) 第三声の連続

第三声が二つ連続する場合は、初めの第三声を第二声に変える。声調記号は第三声のままである。

［例］ Nǐhǎo → Níhǎo （你好） こんにちは

2. 母音の復習 ⓱〜⓳

母音は全部で36個あるが（母音表参照）、母音の発音練習をしよう。

母　音　表

単母音（7個）	a	o	e	i (yi)	
	u (wu)	ü (yu)	er		
複母音（13個）	ai	ei	ao	ou	
	ia (ya)	ie (ye)	ua (wa)	uo (wo)	üe (yue)
	iao (yao)	iou (you)	uai (wai)	uei (wei)	
n と ng を伴う母音（16個）	an	en	ang	eng	ong
	ian (yan)	in (yin)	iang (yang)	ing (ying)	iong (yong)
	uan (wan)	uen (wen)	uang (wang)	ueng (weng)	
	üan (yuan)	ün (yun)			

3. 子音の復習 ⓴〜27

子音は全部で21個ある（子音表参照）が、子音の発音練習をしよう。

子　音　表

無気音	有気音			
b(o)	p(o)	m(o)	f(o)	唇音（しんおん）
d(e)	t(e)	n(e)	l(e)	舌尖音（ぜっせんおん）
g(e)	k(e)	h(e)		舌根音（ぜっこんおん）
j(i)	q(i)	x(i)		舌面音（ぜつめんおん）
zh(i)	ch(i)	sh(i)	r(i)	そり舌音（そりじたおん）←舌をそりあげて発音
z(i)	c(i)	s(i)		舌歯音（ぜっしおん）

有気音←息を破裂させて発音

無気音←息を破裂させないように発音

4. その他の発音練習 ㉘

(1) 声調の組み合わせ

	第一声	第—声	第二声	第四声	軽　声
第一声	yīshēng 医生 (医者)	sīchóu 丝绸 (シルク)	shāngpǐn 商品 (商品)	yuēhuì 约会 (デート)	yīfu 衣服 (服)
第—声	xióngmāo 熊猫 (パンダ)	yóujú 邮局 (郵便局)	niúnǎi 牛奶 (牛乳)	yuándàn 元旦 (元旦)	qúnzi 裙子 (スカート)
第二声	shǒudū 首都 (首都)	mǎdá 马达 (モーター)	shuǐguǒ 水果 (果物)	kǒuhào 口号 (スローガン)	ěrduo 耳朵 (耳)
第四声	shuìyī 睡衣 (パジャマ)	qìyóu 汽油 (ガソリン)	kèběn 课本 (テキスト)	shìjiè 世界 (世界)	yuèliang 月亮 (月)

(2) 早口ことばを読んで発音の練習をしよう。㉙

四是四，十是十。

sì shì sì, shí shì shí.

四不是十，十不是四。

sì bú shì shí, shí bú shì sì.

十四是十四，四十是四十。

shísì shì shísì, sìshí shì sìshí.

十四不是四十，四十不是十四。

shísì bú shì sìshí, sìshí bú shì shísì.

日本語訳：4 は 4、10 は 10。
4 は 10 ではなく、10 は 4 ではない。
14 は 14、40 は 40。
14 は 40 ではなく、40 は 14 ではない。

(3) 唐詩を読んで発声の練習をしよう。 ㉚

春　晓　Chūnxiǎo

孟浩然　Mèng Hàorán

春眠不觉晓，　Chūnmián bù jué xiǎo,
处处闻啼鸟。　Chùchù wén tí niǎo.
夜来风雨声，　Yè lái fēngyǔ shēng,
花落知多少。　Huā luò zhī duōshǎo.

日本語訳：春眠　暁を覚えず，
処々　鳴鳥を聞く。
夜来　風雨の声，
花落つること知りぬ多少ぞ。

枫桥夜泊　Fēngqiáo yè bó

张　继　ZhāngJì

月落乌啼霜满天，　Yuè luò wū tí shuāng mǎn tiān,
江枫渔火对愁眠。　Jiāngfēng yúhuǒ duì chóumián.
姑苏城外寒山寺，　Gūsū chéngwài Hánshānsì,
夜半钟声到客船。　Yèbàn zhōngshēng dào kèchuán.

日本語訳：月落ち　鳥啼きて　霜天に満つ，
江楓　漁火　愁眠に対す。
姑蘇　城外　寒山寺，
夜半の鐘声　客船に至る。

Ⅲ. 会 話 編

中国語のピンインが理解できても、発声や発音はなかなか難しい。

発音編での母音や子音の発音は、基本的なことではあるが、実際に会話で習得するのが早道であろう。

しかし、四声については、発声方法を十分に習得しておくと、本編での発声が容易である。

会話編では具体的なシチュエーションによる会話を用意した。発音の習得はもちろんのこと、単語が自然と覚えられるようにしてある。さらに、用法的に中国語の特別な単語については説明をしてある。

会話のシチュエーションは第１課から第10課までである。「お名前は何とおっしゃいますか」から始まり、10の会話を習得すれば中国語の日常会話ができるようになる。

「あいさつ語・常用文」と併せて憶えて欲しい。

各課に「練習問題」があるが、答えが正解であることも大切であるが、反復練習して、中国語に慣れて欲しい。

第 1 课

您贵姓?

お名前は何とおっしゃいますか。

32

A：您好!
B：你好!
A：请问，您贵姓?
B：我姓张，叫张涛。你叫什么名字?
A：我叫山本康夫。见到您非常高兴。
B：我也很高兴。
A：初次见面，请多指教。
B：不用客气。

会話：ピンイン

A：Nínhǎo!
B：Níhǎo!
A：Qǐngwèn，nín guì xìng?
B：Wǒ xìng Zhāng，jiào ZhāngTāo. Nǐ jiào shénme míngzì?
A：Wǒ jiào Shānběn Kāngfū. Jiàndào nín fēicháng gāoxìng.
B：Wǒ yě hěn gāoxìng.
A：Chūcì jiànmiàn，qǐngduō zhǐjiào.
B：Búyòng kèqi.

会話：日本語参考訳

A：こんにちは！
B：こんにちは！
A：おたずねしますが，お名前は何とおっしゃいますか。
B：私は張です。張涛と言います。あなたの名前は何と言いますか。

A：私は山本康夫と言います。お会いできて非常に嬉しいです。

B：私もとても嬉しいです。

A：初めまして、どうぞよろしくお願いします。

B：こちらこそ。

●会話に出た単語 ㉛

① 你　nǐ　あなた

② 您　nín　あなたの敬称

③ 好　hǎo　良い

④ 你好　Nǐhǎo　こんにちは（あいさつ語）

⑤ 请问　Qǐngwèn　おたずねします（常用文）

⑥ 您贵姓　Nín guì xìng　お名前は何とおっしゃいますか（常用文）

⑦ 我　wǒ　私

⑧ 姓　xìng　名字

⑨ 张　Zhāng　中国人の名字

⑩ 叫　jiào　～と言います

⑪ 什么　shénme　何・どんな

⑫ 名字　míngzi　名前

⑬ 见到　jiàndào　～に会う

⑭ 非常　fēicháng　非常に

⑮ 高兴　gāoxìng　嬉しい

⑯ 也　yě　～も

⑰ 很　hěn　とても～

⑱ 初次见面　Chūcì jiànmiàn　初めまして（あいさつ語）

⑲ 请多指教　Qǐngduō zhǐjiào　よろしくお願いします（あいさつ語）

⑳ 不用客气　Búyòng kèqi　こちらこそ（あいさつ語）

●単語の説明

(1) 姓と叫

- 名字のみを言う場合は“姓”を使い、「～と申します」という意味を表す。

  ［**例**］ 我姓张。Wǒ xìng Zhāng. 私は張と申します。

- フルネームで言う場合は“叫”を使い、「～と言います」という意味を表す。

  ［**例**］ 我叫张涛。Wǒ jiào ZhāngTāo. 私は張涛と言います。

(2) 人称代名詞

	単 数	複 数
第一人称	我 wǒ	我们 wǒmen
第二人称	你 nǐ・您 nín	你们 nǐmen
第三人称	他 tā・她 tā・它 tā	他们 tāmen・她们 tāmen・它们 tāmen

注：“他”は男性、“她”は女性、“它”は動物や事物を表す。

練 習 問 題

(1) 次の中国語にあたる日本語を選んで線で結びなさい。

① 你好　　　　おたずねします。
② 请问　　　　初めまして。
③ 初次见面　　こんにちは。

(2) （　）内から適切な単語を選んで、それを日本語に訳しなさい。

① 你(叫・姓)什么名字?　＿＿＿＿＿＿＿＿
② 见到(您・我)非常高兴。　＿＿＿＿＿＿＿＿
③ 不用(指教・客气)。　＿＿＿＿＿＿＿＿

(3) 次の中国語単語を、右の日本語の意味になるように並べ替えなさい。

① 康夫　叫　我　山本。　　私は山本康夫と言います。

＿＿＿＿＿＿＿＿

② 高兴　您　非常　见到。　　お会いできて非常に嬉しいです。

＿＿＿＿＿＿＿＿

③ 也　高兴　我　很。　　私もとても嬉しいです。

＿＿＿＿＿＿＿＿

(4) 次の中国語の質問に中国語で答えなさい。

① 您贵姓?　＿＿＿＿＿＿＿＿
② 你叫什么名字?　＿＿＿＿＿＿＿＿

(5) 次の中国語のピンインを書きなさい。そして発声しなさい。

① 你好＿＿＿＿＿＿　② 请问＿＿＿＿＿＿
③ 高兴＿＿＿＿＿＿

あいさつ語・常用文(1)　你好！　こんにちは。 ㉝

① 你好！	Nǐhǎo!	こんにちは。
② 你们好！	Nǐmen hǎo!	皆さん、こんにちは。
③ 早上好！	Zǎoshang hǎo!	おはよう。
④ 晚上好！	Wǎnshang hǎo!	こんばんは。
⑤ 新年好！	Xīnnián hǎo!	明けましておめでとう。
⑥ 春节好！	Chūnjié hǎo!	新年（旧正月）おめでとう。
⑦ 老师好！	Lǎoshī hǎo!	（学校の）先生、こんにちは。
⑧ 同学们好！	Tóngxuémen hǎo!	（学生の）みなさん、こんにちは。

漢字いろいろ(1)　国名の漢字？ ㉞

① 美国	Měiguó	アメリカ
② 俄罗斯	Éluósī	ロシア
③ 英国	Yīngguó	イギリス
④ 法国	Fǎguó	フランス
⑤ 德国	Déguó	ドイツ
⑥ 瑞士	Ruìshì	スイス
⑦ 荷兰	Hélán	オランダ
⑧ 日本	Rìběn	日本
⑨ 巴西	Bāxī	ブラジル
⑩ 埃及	Āijí	エジプト
⑪ 印度	Yìndù	インド
⑫ 意大利	Yìdàlì	イタリア
⑬ 西班牙	Xībānyá	スペイン
⑭ 加拿大	Jiānádà	カナダ
⑮ 澳大利亚	Àodàlìyà	オーストラリア

第 2 课

今天几月几号?

今日は何月何日ですか。

㊱

A：今天几月几号?
B：今天八月五号。
A：明天星期几?
B：明天星期五。
A：现在几点?
B：现在七点一刻。
A：你几点去学校?
B：我八点半去学校。

会話：ピンイン

A：Jīntiān jǐyuè jǐhào?
B：Jīntiān bāyuè wǔhào.
A：Míngtiān xīngqī jǐ?
B：Míngtiān xīngqīwǔ.
A：Xiànzài jǐdiǎn?
B：Xiànzài qīdiǎn yíkè.
A：Nǐ jǐdiǎn qù xuéxiào?
B：Wǒ bādiǎnbàn qù xuéxiào.

会話：日本語参考訳

A：今日は何月何日ですか。
B：今日は 8 月 5 日です。
A：明日は何曜日ですか。
B：明日は金曜日です。

A：今何時ですか。

B：今7時15分です。

A：あなたは何時に学校に行きますか。

B：私は8時半に学校に行きます。

●会話に出た単語 ㉟

① 今天　jīntiān　今日
② 几　jǐ　どれくらい
③ 月　yuè　月
④ 号　hào　日
⑤ 明天　míngtiān　明日
⑥ 星期五　xīngqīwǔ　金曜日
⑦ 现在　xiànzài　今
⑧ 几点　jǐdiǎn　何時
⑨ 七点　qīdiǎn　7時
⑩ 一刻　yíkè　15分
⑪ 去　qù　行く
⑫ 八点半　bādiǎnbàn　8時半
⑬ 学校　xuéxiào　学校

●単語の説明

(1) 数字の数え方

• 1から10までの数字の数え方

一	yī	二	èr	三	sān	四	sì	五	wǔ
六	liù	七	qī	八	bā	九	jiǔ	十	shí

• 11から100までの数字の数え方

十一	shíyī	十五	shíwǔ	二十	èrshí	二十七	èrshiqī
三十	sānshí	三十八	sānshibā	四十六	sìshiliù		

五十三　wǔshisān　七十四　qīshisì　九十　jiǔshí　一百　yìbǎi

(2) 曜日の聞き方と答え方

• 今天星期几? Jīn tiān xīng qī jǐ?　今日は何曜日ですか。

星期一	xīngqīyī	月曜日	星期二	xīngqīèr	火曜日
星期三	xīngqīsān	水曜日	星期四	xīngqīsì	木曜日
星期五	xīngqīwǔ	金曜日	星期六	xīngqīliù	土曜日
星期日	xīngqīrì	日曜日			

(3) 時間の聞き方と答え方

• 现在几点?　Xiànzài jǐdiǎn?　今何時ですか。

一点五分	yīdiǎn wǔfēn	1 時 5 分
两点一刻	liǎngdiǎn yíkè	2 時 15 分
三点半	sāndiǎnbàn	3 時半
四点三刻	sìdiǎn sānkè	4 時 45 分（5 時 15 分前）
五点一刻	wǔdiǎn yíkè	5 時 15 分
六点三十分	liùdiǎn sānshífēn	6 時 30 分
七点十五分	qīdiǎn shíwǔfēn	7 時 15 分

注：「二時」の場合は“二点”ではなく“两点”と言う。

(4) 月の聞き方と答え方

• 现在几月? Xiàn zài jǐ yuè?　今何月ですか。

一月	yīyuè	一月	三月	sānyuè	三月
五月	wǔyuè	五月	八月	bāyuè	八月
十月	shíyuè	十月	十二月	shíèryuè	十二月

(5) 日にちの聞き方と答え方

• 今天几号? Jīntiān jǐhào?　今日は何日ですか。

三号	sānhào	三日	七号	qīhào	七日
十六号	shíliùhào	十六日	二十号	èrshíhào	二十日

二十九号	èrshijiǔhào	二十九日
三十一号	sānshiyīhào	三十一日

(6) 時を表す表現

昨天	zuótiān	昨日	今天	jīntiān	今日
明天	míngtiān	明日	后天	hòutiān	明後日
上个月	shàng ge yuè	先月	这个月	zhège yuè	今月
下个月	xià ge yuè	来月	下下个月	xià xià ge yuè	再来月
去年	qùnián	去年	今年	jīnnián	今年
明年	míngnián	来年	后年	hòunián	再来年

一小时前	yī xiǎo shí qián	1 時間前
一小时后	yī xiǎo shí hòu	1 時間後
两天前	liǎngtiān qián	2 日前
两天后	liǎngtiān hòu	2 日後
三个月前	sān ge yuè qián	3ヶ月前
三个月后	sān ge yuè hòu	3ヶ月後
四年前	sìnián qián	4 年前
四年后	sìnián hòu	4 年後

練 習 問 題

(1) 次の中国語にあたる日本語を選んで線で結びなさい。

① 明天星期五	今日は8月3日です。
② 现在七点一刻	明日は金曜日です。
③ 今天八月三号	今7時15分です。

(2) (　) 内から適切な単語を選んで、それを日本語に訳しなさい。

① (现在・明天)几点? ______________________

② (明天・现在)星期几? ______________________

(3) 次の中国語単語を、右の日本語の意味になるように並べ替えなさい。

① 星期　昨天　日。　　昨日は日曜日です。

____

② 两点　现在　三刻。　　今2時45分です。

____

(4) 次の中国語の質問に中国語で答えなさい。

① 你几点去学校? ______________________

② 今天几月几号? ______________________

(5) 次の中国語のピンインを書きなさい。そして発声しなさい。

① 几点______________　② 星期五______________

③ 学校______________

あいさつ語・常用文(2)　再见！　さよなら　37

① 再见!	Zàijiàn!	さよなら。
② 明天见!	Míngtiān jiàn!	また明日。
③ 回头见!	Huítóu jiàn!	後でまた。
④ 改天见!	Gǎitiān jiàn!	近いうちにまた。
⑤ 下星期见!	Xià xīngqī jiàn!	また来週。
⑥ 我先走了。	Wǒ xiān zǒu le.	お先に失礼します。
⑦ 后会有期!	Hòuhuì yǒuqī!	またお会いしましょう。
⑧ 不见不散!	Bújiàn búsàn!	会うまで待ちます。

漢字いろいろ(2)　企業名の漢字？　38

① 索尼	Suǒní	ソニー（電機）
② 夏普	Xiàpǔ	シャープ（電機）
③ 佳能	Jiānéng	キャノン（カメラ）
④ 波音	Bōyīn	ボーイング（飛行機）
⑤ 福特	Fútè	フォード（自動車）
⑥ 大众	Dàzhòng	フォルクスワーゲン（自動車）
⑦ 奔驰	Bēnchí	ベンツ（自動車）
⑧ 微软	Wēiruǎn	マイクロソフト（パソコン）
⑨ 柯达	Kēdá	コダック（フィルム）
⑩ 耐克	Nàikè	ナイキ（スポーツ用品）
⑪ 美能达	Měinéngdá	ミノルタ（カメラ）
⑫ 雅马哈	Yǎmǎhā	ヤマハ（オードバイ）
⑬ 雪铁龙	Xuětiělóng	シトロエン（自動車）
⑭ 阿迪达斯	Ādídásī	アディダス（スポーツ用品）
⑮ 摩托罗拉	Mótuōluólá	モトローラ（携帯電話）

第 3 课

这是什么?

これは何ですか。

40

A：这是什么?
B：这是电脑。
A：这是谁的电脑?
B：这是小张的电脑。
A：小张有没有打印机?
B：她没有打印机。
A：小张在干什么?
B：她在上网。

会話：ピンイン

A：Zhèshì shénme?
B：Zhèshì diànnǎo.
A：Zhèshì shuí de diànnǎo?
B：Zhèshì xiǎozhāng de diànnǎo.
A：Xiǎozhāng yǒumeiyǒu dǎyìnjī?
B：Tā méiyǒu dǎyìnjī.
A：Xiǎozhāng zài gàn shénme?
B：Tā zài shàngwǎng.

会話：日本語参考訳

A：これは何ですか。
B：これはコンピュータです。
A：これは誰のコンピュータですか。
B：これは張さんのコンピュータです。

A：張さんはプリンタを持っていますか。

B：彼女はプリンタを持っていません。

A：張さんは何をしていますか。

B：張さんはインターネットをしています。

●会話に出た単語 ㊴

① 这是　zhèshì　これは

② 电脑　diànnǎo　コンピュータ

③ 谁　shuí　誰

④ 的　de　の

⑤ 小张　xiǎozhāng　張さん

⑥ 有　yǒu　ある

⑦ 她　tā　彼女

⑧ 没有　méiyǒu　ない

⑨ 打印机　dǎyìnjī　プリンタ

⑩ 干　gàn　～をする

⑪ 在　zài　～をしている

⑫ 上网　shàngwǎng　インターネットをする）

●単語の説明

(1) 这 zhè・那 nà（指示代名詞）

• "这" は「これ・この」の意味で、比較的近くの人・時間・場所・事物を表す。

［例］　这是电脑。Zhèshì diànnǎo.　これはコンピュータです。

• "那" は「それ・あの」の意味で、比較的遠くの人・時間・場所・事物を表す。

［例］　那是数码相机。Nàshì shùmǎ xiàngjī.　それはデジタルカメラです。

(2) 哪（疑問代名詞）

• “哪” は「どれ・どの」の意味で、聞き手に同類の事物のいずれであるかを問う時に使う。

［例］ 哪台打印机是你的? Nǎ tái dǎyìnjī shì nǐ de?
どのプリンタがあなたのですか。

• “这、那、哪” の用法一覧表

这　zhè　これ	那　nà　それ・あれ	哪　nǎ　どれ
这个 zhège　この	那个 nàge　その・あの	哪个 nǎge　どの
这里 zhèli　ここ	那里 nàli　そこ・あそこ	哪里 nǎli　どこ
这是 zhèshì　これは	那是 nàshì　それは·あれは	
这些 zhèxiē　これら	那些 nàxiē　それら·あれら	哪些 nǎxiē　どれ・どんな

注：日本語の「これ、それ、あれ、どれ」と違って、中国語には近称と遠称しかない。

(3) 小张 xiǎozhāng と老张 lǎozhāng

• 中国語は苗字の前に“小” と“老” を付けて、相手を呼ぶ習慣がある。小张と老张は日本語の「張さん」の意味に近いです。

• “小张” は若者同士、あるいは目上の人が目下の人に対する称呼です。

• “老张” は年配同士、あるいは目下の人が目上の人に対する称呼です。

(4) 有 yǒu（動詞）

• “有” は「～持っている」、「～がいる」、「～がある」という意味で、所有していることを表す。否定は “没有”。

［例］ 我有一台数码相机。Wǒ yǒu yītái shùmǎ xiàngjī.
私はデジタルカメラを 1 台持っています。

［例］ 我没有哥哥。Wǒ méiyǒu gēge.　私は兄がいません。

(5) 有没有 Yǒumeiyǒu（反複疑問文）

• “有没有” は「肯定（有）+否定（没有）」の構成で「～いませんか」、「～ありませんか」の意味を表す。

［例］ 你有没有妹妹? Nǐ yǒumeiyǒu mèimei?

あなたは妹がいませんか。

(6) 在 zài（副詞）

- “在” は動詞の前に置くと「～している」という意味を表す。
- 文末に“呢” を添えると進行の意味が強まり「～しているところです」という意味になる。

［例］ 他在看电视。Tā zài kàn diànshì.　彼はテレビを見ています。

［例］ 她在打电话呢。Tā zài dǎ diànhuà ne.

彼女は電話をしているところです。

練 習 問 題

(1) 次の中国語にあたる日本語を選んで線で結びなさい。

① 这是电脑　　　　これは何ですか。
② 他在上网　　　　これはコンピュータです。
③ 这是什么　　　　彼はインターネットをしています。

(2) （　）内から適切な単語を選んで、それを日本語に訳しなさい。

① 老张在(没・干)什么?　＿＿＿＿＿＿＿＿＿＿
② 他(是・有)打印机。　＿＿＿＿＿＿＿＿＿＿

(3) 次の中国語単語を、右の日本語の意味になるように並べ替えなさい。

① 张　这是　小　电脑　的。　これは張さんのコンピュータです。

＿＿＿＿＿＿＿＿＿＿

② 老　打印机　有没有　张。　張さんはプリンタがありますか。

＿＿＿＿＿＿＿＿＿＿

③ 上网　没　他　在。　彼はインターネットをしていません。

＿＿＿＿＿＿＿＿＿＿

(4) 次の中国語の質問に中国語で答えなさい。

① 小张在干什么?　＿＿＿＿＿＿＿＿＿＿
② 这是谁的电脑?　＿＿＿＿＿＿＿＿＿＿

(5) 次の中国語のピンインを書きなさい。そして発声しなさい。

① 电脑＿＿＿＿＿＿＿＿　② 上网＿＿＿＿＿＿＿＿
③ 打印机＿＿＿＿＿＿＿＿

あいさつ語・常用文(3)　请问！　おたずねします。　41

① 请问。	Qǐng wèn.	おたずねします。
② 请进。	Qǐng jìn.	どうぞお入り下さい。
③ 请坐。	Qǐng zuò.	どうぞお掛け下さい。
④ 请喝茶。	Qǐng hē chá.	お茶をどうぞ。
⑤ 请抽烟。	Qǐng chōu yān.	タバコをどうぞ。
⑥ 请慢走。	Qǐng màn zǒu.	どうぞお気をつけて。
⑦ 请留步。	Qǐng liúbù.	どうぞそのまま。
⑧ 请等一下。	Qǐng děng yíxià.	ちょっとお待ち下さい。

漢字いろいろ(3)　スポーツの漢字は？　42

① 足球	zúqiú	サッカー
② 蓝球	lánqiú	バスケットボール
③ 排球	páiqiú	バレーボール
④ 棒球	bàngqiú	野球
⑤ 网球	wǎngqiú	テニス
⑥ 垒球	lěiqiú	ソフトボール
⑦ 手球	shǒuqiú	ハンドボール
⑧ 冰球	bīngqiú	アイスホッケ
⑨ 门球	ménqiú	ゲートボール
⑩ 水球	shuǐqiú	水球
⑪ 保龄球	bǎolingqiú	ボーリング
⑫ 橄榄球	gǎnlǎnqiú	ラグビー
⑬ 曲棍球	qǔgùnqiú	ホッケー
⑭ 乒乓球	pīngpāngqiú	卓球
⑮ 高尔夫球	gāo'ěrfūqiú	ゴルフ

第４课

你是哪国人?

あなたはどこの国の方ですか。

44

A：你是哪国人?
B：我是日本人。
A：你学习什么?
B：我学习汉语。
A：你学了几年?
B：我学了两年。
A：汉语难吗?
B：语法不太难，但发音比较难。

会話：ピンイン

A：Nǐ shì nǎguórén?
B：Wǒ shì Rìběnrén.
A：Nǐ xuéxí shénme?
B：Wǒ xuéxí Hànyǔ.
A：Nǐ xué le jǐnián?
B：Wǒ xué le liǎngnián.
A：Hànyǔ nán ma?
B：Yǔfǎ bú tài nán，dàn fāyīn bǐjiào nán.

会話：日本語参考訳

A：あなたはどこの国の方ですか。
B：私は日本人です。
A：あなたは何を勉強していますか。
B：私は中国語を勉強しています。

A：あなたは何年間勉強しましたか。

B：私は2年間勉強しました。

A：中国語は難しいですか。

B：文法はあまり難しくないけれども、発音はわりと難しいです。

●会話に出た単語 ㊸

① 是　shì　～です

② 哪国人　nǎguó rén　どこの国の方

③ 日本人　Rìběn rén　日本人

④ 学习　xuéxí　勉強する

⑤ 汉语　Hànyǔ　中国語

⑥ 了　le　～した

⑦ 两年　liǎngnián　2年

⑧ 难　nán　難しい

⑨ 吗　ma　～か

⑩ 语法　yǔfǎ　文法

⑪ 不太　bútài　あまり～ない

⑫ 但　dàn　けれども

⑬ 发音　fāyīn　発音

⑭ 比较　bǐjiào　わりと（思ったより）

●単語の説明

(1) 是・不是（肯定・否定）

• “是”は話し手の肯定判断を表し、日本語の「～です」に相当する意味を持つ。

• 否定は“不是”。

［例］　我是大学生。Wǒ shì dàxuéshēng.　私は大学生です。

［例］　我不是老师。Wǒ búshì lǎoshī.　私は先生ではない。

(2) 了（助詞）

• “了” は動詞の後ろに付けて、すでに起きた動作に用いる。

［例］ 我买了一台电视机。Wǒ mǎi le yītái diànshìjī.

私はテレビを1台買った。

(3) 二と两

• 一般の量詞の前の1桁の数としての2には “两” を用いる。

［例］ 两本书。 Liǎngběn shū. 2冊の本。

去了两次。 Qù le liǎngcì. 2回行った。

• 序数・小数・分数には “二” を用いる。

［例］ 第二 Dìèr 第二

二哥 Èrgē 2番目の兄

(4) 吗（助詞）

• “吗” は質問・疑問を表し、日本語の「〜か」に相当する。

［例］ 他在打电话吗? Tā zài dǎ diànhuà ma?

彼は電話をかけているのか。

(5) 不太

• “不太” の後ろに形容詞あるいは動詞を付けて、否定の程度を弱め、日本語の「あまり〜ない」に相当する。

［例］ 汉语不太难 Hànyǔ bútài nán. 中国語はあまり難しくないです。

練　習　問　題

(1) 次の中国語にあたる日本語を選んで線で結びなさい。

① 你学习什么?　　　　私は日本人です。

② 你学了几年?　　　　あなたは何を勉強していますか。

③ 我是日本人。　　　　あなたは何年間勉強しましたか。

(2) (　) 内から適切な単語を選んで、それを日本語に訳しなさい。

① 我(是・学习) 汉语。　＿＿＿＿＿＿＿＿＿＿＿＿

② 汉语(学了・不太) 难。　＿＿＿＿＿＿＿＿＿＿＿＿

(3) 次の中国語単語を、右の日本語の意味になるように並べ替えなさい。

① 不太　语法　难。　　文法はあまり難しくない。

＿＿＿＿＿＿＿＿＿＿＿＿

② 难　发音　比较。　　発音はわりと難しいです。

＿＿＿＿＿＿＿＿＿＿＿＿

③ 学　两年　我　了。　　私は2年間勉強しました。

＿＿＿＿＿＿＿＿＿＿＿＿

(4) 次の中国語の質問に中国語で答えなさい。

① 你是哪国人?　＿＿＿＿＿＿＿＿＿＿＿＿

② 汉语难吗?　＿＿＿＿＿＿＿＿＿＿＿＿

(5) 次の中国語のピンインを書きなさい。そして発声しなさい。

① 日本人＿＿＿＿＿＿＿＿　② 汉语＿＿＿＿＿＿＿＿

③ 语法＿＿＿＿＿＿＿＿

あいさつ語・常用文(4) 欢迎！ ようこそ。 ㊺

① 欢迎!	Huānyíng!	ようこそ。
② 欢迎光临!	Huānyíng guānglín!	いらっしゃいませ。
③ 恭喜恭喜!	Gōngxǐ gōngxǐ!	おめでとう。
④ 谢谢!	Xièxie!	ありがとう。
⑤ 不用谢。	Búyòng xiè.	どういたしまして。
⑥ 对不起。	Duìbuqǐ.	すみません。
⑦ 没关系。	Měi guānxi.	かまわない。大丈夫だ。
⑧ 哪里哪里。	Nǎli nǎli.	どういたしまして。

漢字いろいろ(1) 国名の漢字？ ㊻

① 吉他	jítā	ギター
② 钢琴	gāngqīn	ピアノ
③ 口琴	kǒuqín	ハーモニカ
④ 歌剧	gējù	オペラ
⑤ 音乐会	yīnyuèhuì	コンサート
⑥ 小提琴	xiǎotíqín	バイオリン
⑦ 大提琴	dàtíqín	チェロ
⑧ 手风琴	shǒufēngqín	アコーディオン
⑨ 电子琴	diànzǐqín	エレクトーン
⑩ 华尔兹	huá'ěrzī	ワルツ
⑪ 爵士乐	juéshìyuè	ジャズ
⑫ 摇滚乐	yáogǔnyuè	ロック
⑬ 迪斯科	dísīkē	ディスコ
⑭ 萨克斯管	sàkèsīguǎn	サックス
⑮ 流行歌曲	liúxínggēqǔ	ポップス

第 5 课

你家有几口人?

あなたの家族は何人ですか。

48

A：你是哪里人?

B：我是江苏人。

A：你家有几口人?

B：我家有四口人。爸爸，妈妈，弟弟和我。

A：你父母在哪里工作?

B：我爸爸在银行工作，妈妈是小学老师。

A：你弟弟多大?

B：他今年十六岁，比我小三岁。他是高中生。

会話：ピンイン

A：Nǐ shì nǎli rén?

B：Wǒ shì Jiāngsū rén.

A：Nǐ jiā yǒu jǐkǒurén?

B：Wǒ jiā yǒu sì kǒu rén. Bàba, māma, dìdi hé wǒ.

A：Nǐ fùmǔ zài nǎli gōngzuò?

B：Wǒ bàba zài yínháng gōngzuò, wǒ māma shì xiǎoxué lǎoshī.

A：Nǐ dìdi duō dà?

B：Tā jīnnián shíliù suì, bǐ wǒ xiǎo sān suì. Tā shì gāozhōngshēng.

会話：日本語参考訳

A：あなたはどこの出身ですか。

B：私は江蘇省出身です。

A：あなたの家族は何人ですか。

B：私は 4 人家族です。父、母、弟と私です。

A：ご両親はどこで働いていますか。

B：父は銀行に勤めています。母は小学校の先生です。

A：あなたの弟は何才ですか。

B：彼は今年 16 才で、私より 3 才年下です。彼は高校生です。

●会話に出た単語 ㊼

① 哪里人　nǎli rén　どこの出身

② 家　jiā　家

③ 口　kǒu　人を数える時に使う量詞

④ 爸爸　bàba　お父さん

⑤ 妈妈　māma　お母さん

⑥ 弟弟　dìdi　弟

⑦ 和　hé　～と

⑧ 父母　fùmǔ　両親

⑨ 在　zài　～で

⑩ 工作　gōngzuò　働く

⑪ 银行　yínháng　銀行

⑫ 小学　xiǎoxué　小学校

⑬ 老师　lǎoshī　先生

⑭ 多　duō　多い

⑮ 大　dà　大きい

⑯ 多大　duō dà　何歳

⑰ 今年　jīnnián　今年

⑱ 岁　suì　歳

⑲ 比　bǐ　～に比べる

⑳ 小　xiǎo　小さい

㉑ 高中生　gāozhōngshēng　高校生

●単語の説明

(1) 在（介詞）

- “在” は場所を表し、日本語の「～で」に相当する。
- 否定は “不在”、あるいは “没在”。

［例］ 他在银行工作。Tā zài yínháng gōngzuò.　彼は銀行で働く。

［例］ 他不在医院工作。Tā bù zài yīyuàn gōngzuò.

彼は病院で働いてない。

(2) 比（介詞）

- “比” は程度の比較に用いる。日本語の「～に比べる」に相当する。

［例］ 小李比小张高。Xiǎolǐ bǐ xiǎozhāng gāo.

李さんは張さんより背が高い。

(3) 小三岁と大三岁

- 小三岁は三歳年下の意味で、大三岁は三歳年上の意味です。

［例］ 我比哥哥小三岁。Wǒ bǐ gēge xiǎo sān suì.

私は兄より三歳年下です。

［例］ 我比妹妹大三岁。Wǒ bǐ mèimei dà sān suì.

私は妹より三歳年上です。

練 習 問 題

(1) 次の中国語にあたる日本語を選んで線で結びなさい。

① 我是江苏人。　　あなたはどこの出身ですか。

② 他是高中生。　　私は江蘇省出身です。

③ 你是哪里人?　　彼は高校生です。

(2) (　) 内から適切な単語を選んで、それを日本語に訳しなさい。

① 他(是・比)我小三岁。 ______________________

② 爸爸, 妈妈, 弟弟(和・有)我。 ______________________

(3) 次の中国語単語を、右の日本語の意味になるように並べ替えなさい。

① 工作　银行　爸爸　在。　　父は銀行に勤めています。

____

② 小学　妈妈　老师　是。　　母は小学校の先生です。

____

③ 多大　你　弟弟?　　あなたの弟は何才ですか。

____

(4) 次の中国語の質問に中国語で答えなさい。

① 你父母在哪里工作? ______________________

② 你家有几口人? ______________________

(5) 次の中国語のピンインを書きなさい。そして発声しなさい。

① 老师______________　② 高中生______________

③ 父母______________

あいさつ語・常用文(5)　让你久了。お待たせしました。　㊾

① 麻烦你了。	Máfan nǐ le.	ご面倒をおかけしました。
② 打搅你了。	Dǎjiǎo nǐ le.	お邪魔しました。
③ 让你费心了。	Ràng nǐ fèixīn le.	ご心配をおかけしました。
④ 让你久等了。	Ràng nǐ jiǔ děng le.	お待たせしました。
⑤ 太不像话了。	Tài bú xiàng huà le.	まったく話にならない。
⑥ 太让我失望了。	Tài ràng wǒ shīwàng le.	大いに失望させられた。
⑦ 一切都白费了。	Yíqiè dōu báifèi le.	すべて無駄になってしまった。
⑧ 给你添麻烦了。	Gěi nǐ tiān máfan le.	お手数をおかけしました。

漢字いろいろ(5)　会社・企業での漢字は？　㊿

① 白领	báilǐng	ホワイトカラー
② 蓝领	lánlǐng	ブルーカラー
③ 秘书	mìshū	秘書
④ 外企	wàiqǐ	外資系企業
⑤ 下岗	xiàgǎng	一時帰休
⑥ 工资	gōngzī	給料
⑦ 福利	fúlì	福祉
⑧ 待遇	dàiyù	待遇
⑨ 招聘	zhāopìn	募集
⑩ 应聘	yìngpìn	応募
⑪ 面试	miànshì	面接
⑫ 跳槽	tiàocáo	転職
⑫ 炒鱿鱼	chǎo yóuyú	首になる
⑭ 总经理	zǒngjīnglǐ	社長
⑮ 工薪人员	gōngxīn rényuán	サラリーマン

第 6 课

你家在哪里?

あなたの家はどこにありますか。

52

A：你家在哪里?
B：我家在苏州。
A：苏州离上海远吗?
B：不远。我经常去上海玩。
A：苏州有哪些名胜古迹?
B：有寒山寺，拙政园和虎丘等。
A：听说苏州是座水城。
B：是的。她被称为东方的威尼斯。

会話：ピンイン

A：Nǐ jiā zài nǎli?
B：Wǒ jiā zài Sūzhōu.
A：Sūzhōu lí Shànghǎi yuǎn ma?
B：Bù yuǎn. Wǒ jīngcháng qù Shànghǎi wán.
A：Sūzhōu yǒu nǎxiē míngshènggǔjì?
B：Yǒu Hánshānsì, Zhuōzhèngyuán hé Hǔqiū děng.
A：Tīngshuō sūzhōu shì zuò shuǐchéng.
B：Shìde. Tā bèi chēng wéi dōngfāng de Wēinísī.

会話：日本語参考訳

A：あなたの家はどこにありますか。
B：私の家は蘇州にあります。
A：蘇州は上海から遠いですか。
B：遠くありません。私はしょっちゅう上海へ遊びに行きます。

A：蘇州にはどんな名所旧跡がありますか。

B：寒山寺、拙政園と虎丘などがあります。

A：蘇州は水の都だそうですね。

B：そうです。あそこは東洋のベニスと言われています。

●会話に出た単語 ㊿51

① 苏州　Sūzhōu　蘇州

② 离　lí　〜から

③ 上海　Shànghǎi　上海

④ 远　yuǎn　遠い

⑤ 不　bù　〜ではない

⑥ 经常　jīngcháng　しょっちゅう

⑦ 去　qù　行く

⑧ 玩　wán　遊ぶ

⑨ 名胜古迹　míngshènggǔjì　名所旧跡

⑩ 寒山寺　Hánshānsì　寒山寺

⑪ 拙政园　Zhuōzhèngyuán　拙政園

⑫ 虎丘　Hǔqiū　虎丘

⑬ 等　děng　など

⑭ 听说　tīngshuō　〜だそうです

⑮ 座　zuò　固定したものを数える量詞

⑯ 水城　shuǐchéng　水の都

⑰ 是的　shìde　そうです

⑱ 她　tā　祖国・大地・都市などを指す。

⑲ 被　bèi　〜にされる

⑳ 称　chēng　〜と言う

㉑ 被称为　bèi chēng wéi　〜と言われている

㉒ 东方　dōngfāng　東洋

㉓ 的　de　〜の

㉔ 威尼斯　Wēi ní sī　ベニス

●単語の説明

(1) 离（介詞）

• “离”は2点間の空間的距離を表し、日本語の「〜から」に相当する。

［例］ 广州离香港近。Guǎngzhōu lí Xiānggǎng jìn.
広州は香港から近い。

(2) 不（副詞）

• “不” は否定する場合に使う。“不” は第四声で後ろに第四声が続く場合、第二声に変調する。

［例］ 我不是大学生。Wǒ búshì dàxuéshēng.　私は大学生ではない。

(3) 听说

• “听说” は「聞くところによると〜だ」という意味を表す。

［例］ 听说汉语发音很难。Tīngshuō hànyǔ fāyīn hěn nán.
中国語は発音が難しいそうですね。

(4) 被（介詞）

• “被” は典型的な受け身の文である。日本語の「〜にされる」に相当する。

［例］ 他被选为校长。Tā bèi xuǎn wéi xiàozhǎng.
彼は学長に選ばれた。

練 習 問 題

(1) 次の中国語にあたる日本語を選んで線で結びなさい。

① 不远　　　　　　　　私の家は蘇州にあります。

② 我家在苏州　　　　　寒山寺などがあります。

③ 有寒山寺等　　　　　遠くない。

(2) (　) 内から適切な単語を選んで、それを日本語に訳しなさい。

① 苏州(有・离)上海远吗? ______________________

② 她(听说・被)称为东方的威尼斯。______________________

(3) 次の中国語単語を、右の日本語の意味になるように並べ替えなさい。

① 是　听说　水城　苏州　座。 蘇州は水の都だそうですね。

____

② 玩　去　我　上海　经常。　私はしょっちゅう上海へ遊びに行きます。

____

(4) 次の中国語の質問に中国語で答えなさい。

① 苏州有哪些名胜古迹? ______________________

② 你家在哪里? ______________________

(5) 次の中国語のピンインを書きなさい。そして発声しなさい。

① 名胜古迹______________________　② 水城______________________

③ 寒山寺______________________

あいさつ語・常用文(6)　真可惜！　本当に残念だ。　53

① 真棒！	Zhēnbàng!	本当にすごい。
② 真帅！	Zhēnshuài!	本当にかっこいい。
③ 真可惜！	Zhēn kěxī!	本当に残念だ。
④ 真讨厌！	Zhēn tǎoyàn!	本当に嫌だ。
⑤ 真对不起。	Zhēn duìbuqǐ.	本当に申し訳ない。
⑥ 真了不起。	Zhē liǎobuqǐ.	本当に大したものだ。
⑦ 真有办法。	Zhēn yǒu bànfǎ.	実に有能だ。
⑧ 真不好意思。	Zhēn bù hǎo yìsi.	本当に気恥ずかしい。

漢字いろいろ(6)　家電製品の漢字？　54

① 彩电	cǎidiàn	カラーテレビ
② 空调	kōngtiáo	エアコン
③ 电炉	diànlú	電気ストーブ
④ 吹风机	chuīfēngjī	ヘアドライヤー
⑤ 录音机	lùyīnjī	録音機
⑥ 摄像机	shèxiàngjī	ビデオカメラ
⑦ 录像机	lùxiàngjī	ビデオデッキ
⑧ 电视机	diànshìjī	テレビ
⑨ 洗衣机	xǐyījī	洗濯機
⑩ 电饭煲	diànfànbāo	電気炊飯器
⑪ 吸尘器	xīchénqì	掃除機
⑫ 微波炉	wēibōlú	電子レンジ
⑬ 电风扇	diànfēngshàn	扇風機
⑭ 电冰箱	diànbīngxiāng	冷蔵庫
⑮ 组合音像	zǔhé yīnxiàng	コンポ

第 7 课

这件毛衣多少钱?

このセーターはいくらですか。

56

A：请问，这件毛衣多少钱?

B：这件毛衣九十块钱。

A：那件衬衫呢?

B：那件衬衫三十块钱。

A：我买一件毛衣和两件衬衫，一共多少钱?

B：一共一百五十块钱。

A：可以用信用卡付款吗?

B：可以。

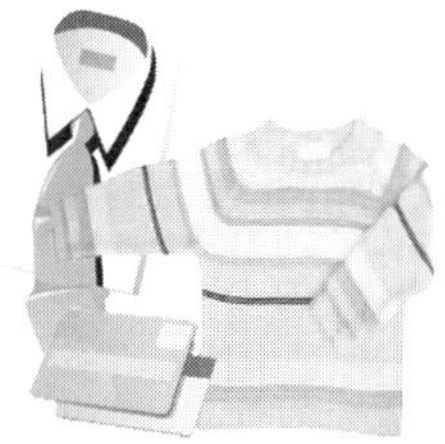

会話：ピンイン

A：Qǐngwèn, zhè jiàn máoyī duōshaoqián?

B：Zhè jiàn máoyī jiǔshí kuài qián.

A：Nà jiàn chènshān ne?

B：Nà jiàn chènshān sānshí kuài qián.

A：Wǒ mǎi yíjiàn máoyī hé liǎngjiàn chènshān, yígòng duōshao qián?

B：Yígòng yìbǎi wǔshí kuài qián.

A：Kěyǐ yòng xìnyòngkǎ fùkuǎn ma?

B：Kěyǐ.

会話：日本語参考訳

A：おたずねしますが、このセーターはいくらですか。

B：このセーターは 90 元です。

A：そのシャツは？

B：あのシャツは 30 元です。

A：私はセーター1枚とシャツ2枚を買いますが、全部でいくらですか。

B：全部で150元です。

A：クレジットカードで支払ってもいいですか。

B：いいです。

●会話に出た単語　55

① 件　jiàn　枚
② 毛衣　máoyī　セーター
③ 多少钱　duōshao qián　いくら
④ 块　kuài　中国の通貨“元”の話し言葉
⑤ 衬衫　chènshān　シャツ
⑥ 一共　yígòng　全部で
⑦ 可以　kěyǐ　～してもいい
⑧ 用　yòng　使う
⑨ 信用卡　xìnyòngkǎ　クレジットカード
⑩ 付款　fùkuǎn　支払う

●単語の説明

(1) 量　詞

• 量を表す単語は数多くあるが、初級段階では次のような10個を覚えよう。

［例］	一件衣服	yī jiàn yīfu	1枚の服
	两张信纸	liǎng zhāng xìnzhǐ	2枚の便箋
	三本杂志	sān běn zázhì	3冊の雑誌
	四枝钢笔	sì zhī gāngbǐ	4本のペン
	五只熊猫	wǔ zhī xióngmāo	5匹のパンダ
	六个学生	liù gè xuéshēng	6人の学生
	七包饼干	qī bāo bǐnggān	7袋のビスケット
	八台机器	bā tái jīqì	8台の機械

九条项链	jiǔ tiáo xiàngliàn	9本のネックネス
十把椅子	shí bǎ yǐzi	10脚の椅子

(2) 中国の通貨

• 中国の通貨単位は“元”、“角”、“分”からなっている。
• 十分で一角となり、十角で一元となる。
• 元の話し言葉は“块”、角の話し言葉は“毛”、分の話し言葉は同じく“分”である。
• 値段の聞き方と答え方

［例］	多少钱?	Duōshao qián?	いくらですか。
	一块钱	Yí kuài qián	1元
	两块五毛钱	Liǎng kuài wǔmáo qián	2.5元
	五十块钱	Wǔshí kuài qián	50元
	一百块钱	Yìbǎi kuài qián	100元

(3) 呢（助詞）

• “呢”は名詞の後ろに用いて、日本語の「～は？」という意味を表す。

［例］ 我是北京人，你呢? Wǒ shì Běijīng rén, nǐ ne?
私は北京出身ですが、あなたは？

(4) 可以（助動詞）

• “可以”は日本語の「～してもいい」という意味で許可を表す。
• 否定は“不可以”。

［例］ 我可以进来吗? Wǒ kěyǐ jìn lái ma? 私は入ってもいいですか。
不可以。Bù kěyǐ. だめです。

練 習 問 題

(1) 次の中国語にあたる日本語を選んで線で結びなさい。

① 五十块钱	7 袋のビスケット
② 四枝钢笔	50 元
③ 七包饼干	4 本のペン

(2) (　) 内から適切な単語を選んで、それを日本語に訳しなさい。

① 可以(买・用)信用卡付款吗?　＿＿＿＿＿＿＿＿＿＿

② 那(张・件)衬衫三十块钱。　＿＿＿＿＿＿＿＿＿＿

(3) 次の中国語単語を、右の日本語の意味になるように並べ替えなさい。

① 毛衣　我　衬衫　一件　两件　买　和。私はセーター1 枚とシャツ 2 枚を

＿＿＿＿＿＿＿＿＿＿＿＿＿＿買います。

② 块　这件　九十　毛衣　钱。　このセーターは 90 元です。

＿＿＿＿＿＿＿＿＿＿＿＿＿＿

③ 这条　多少钱　项链?　このネックレスはいくらですか。

＿＿＿＿＿＿＿＿＿＿＿＿＿＿

(4) 次の中国語の質問に中国語で答えなさい。

① 一共多少钱?　＿＿＿＿＿＿＿＿＿＿

② 你买什么？　＿＿＿＿＿＿＿＿＿＿

(5) 次の中国語のピンインを書きなさい。そして発声しなさい。

① 信用卡＿＿＿＿＿＿＿＿　② 多少钱＿＿＿＿＿＿＿＿

③ 熊猫＿＿＿＿＿＿＿＿

あいさつ語・常用文 (7)　別客气。　ご遠慮なく　57

①	别客气。	Bié kèqi.	ご遠慮なく。
②	别生气。	Bié shēngqì.	怒らないで。
③	别着急。	Bié zháojí.	いそがないで。
④	别感冒。	Bié gǎnmào.	風邪を引かないで。
⑤	别灰心。	Bie huīxīn.	気を落としちゃだめだよ。
⑥	别当真。	Bié dàngzhēn.	真に受けちゃだめだよ。
⑦	别磨蹭了。	Bié móceng le.	ぐずぐずしないで。
⑧	别开玩笑。	Bié kāi wánxiào.	冗談をよせ。

漢字いろいろ (7)　野菜名の漢字は？　58

①	油菜	yóucài	チンゲンサイ
②	芹菜	qíncài	セロリ
③	韭菜	jiǔcài	にら
④	生菜	shēngcài	レタス
⑤	花菜	huācài	カリフラワー
⑥	白菜	báicài	白菜
⑦	茄子	qiézi	なす
⑧	冬瓜	dōngguā	トウガン
⑨	菠菜	bōcài	ホウレン草
⑩	南瓜	nángua	かぼちゃ
⑪	萝卜	luóbo	大根
⑫	土豆	tǔdòu	ジャガイモ
⑬	芋艿	yùnǎi	里芋
⑭	西红柿	xīhóngshì	トマト
⑮	卷心菜	juǎnxīncài	キャベツ

第 8 课

你想吃什么?

あなたは何を食べたいですか。

60

A：我们去哪里吃晚饭?
B：我们去食堂吃晚饭。
A：你想吃什么?
B：我想吃炒面，你呢?
A：我吃炒饭。
B：你喝什么?
A：我喝可乐，你呢?
B：我喝乌龙茶。

会話：ピンイン

A：Wǒmen qù nǎli chī wǎnfàn?
B：Wǒmen qù shítáng chī wǎnfàn.
A：Nǐ xiǎng chī shénme?
B：Wǒ xiǎng chī chǎomiàn，nǐ ne?
A：Wǒ chī chǎofàn.
B：Nǐ hē shén me?
A：Wǒ hē kělè，nǐ ne?
B：Wǒ hē wūlóngchá.

会話：日本語参考訳

A：私たちはどこへ夕食を食べに行きますか。
B：私たちは食堂へ夕食を食べに行きます。
A：あなたは何を食べたいですか。
B：私は焼きそばを食べたいです。あなたは？

A：私は焼き飯を食べます。

B：あなたは何を飲みますか。

A：私はコーラを飲みます。あなたは？

B：私はウーロン茶を飲みます。

●会話に出た単語 59

① 吃　chī　食べる

② 食堂　shítáng　食堂

③ 晚饭　wǎnfàn　晩ご飯

④ 想　xiǎng　～したい

⑤ 炒面　chǎomiàn　焼きそば

⑥ 炒饭　chǎofàn　焼き飯

⑦ 喝　hē　飲む

⑧ 可乐　kělè　コーラ

⑨ 乌龙茶　wūlóngchá　ウーロン茶

●単語の説明

(1) 想（助動詞）

• “想”は願望を表し、日本語の「～したい」に相当する。

• 否定は“不想”。

［例］　我想看电影。Wǒ xiǎng kàn diànyǐng.　私は映画を見たい。

我不想吃炒面。Wǒ bù xiǎng chī chǎomiàn.

私は焼きそばを食べたくない。

練 習 問 題

(1) 次の中国語にあたる日本語を選んで線で結びなさい。

① 吃炒饭	ウーロン茶を飲む
② 喝乌龙茶	食堂に行く
③ 去食堂	焼き飯を食べる

(2) (　) 内から適切な単語を選んで、それを日本語に訳しなさい。

① 我(吃・喝)可乐　＿＿＿＿＿＿＿＿＿＿

② 我(吃・喝)炒面　＿＿＿＿＿＿＿＿＿＿

(3) 次の中国語単語を、右の日本語の意味になるように並べ替えなさい。

① 去　晚饭　吃　食堂　我。　私は食堂に夕食を食べに行きます。

＿＿＿＿＿＿＿＿＿＿

② 炒面　想　吃　我。　私は焼きそばを食べたいです。

＿＿＿＿＿＿＿＿＿＿

(4) 次の中国語の質問に中国語で答えなさい。

① 你想喝什么?　＿＿＿＿＿＿＿＿＿＿

② 你去哪里吃炒饭?　＿＿＿＿＿＿＿＿＿＿

(5) 次の中国語のピンインを書きなさい。そして発声しなさい。

① 乌龙茶＿＿＿＿＿＿　② 炒面＿＿＿＿＿＿

③ 食堂＿＿＿＿＿＿

あいさつ語・常用文(8)　加油！　がんばれ！　61

① 加油!	Jiāyóu!	がんばれ!
② 不会吧。	Bú huì ba.	そんなはずはないでしょう。
③ 真的吗?	Zhēn de ma?	本当ですか。
④ 没问题。	Méi wèntǐ.	大丈夫。
⑤ 想开点。	Xiǎng kāi diǎn.	くよくよしないで。
⑥ 放心吧。	Fangxī ba.	安心して下さい。
⑦ 不要怕。	Bú yào pà.	心配するな。
⑧ 好极了!	Hǎo jí le!	実に素晴らしい。

漢字いろいろ(8)　乗り物名の漢字？　62

① 汽车	qìchē	自動車
② 火车	huǒchē	汽車
③ 电车	diànchē	電車
④ 轮船	lúnchuán	船
⑤ 飞机	fēijī	飛行機
⑥ 卡车	kǎchē	トラック
⑦ 轿车	jiàochē	乗用車
⑧ 自行车	zìxíngchē	自転車
⑨ 摩托车	mótuōchē	オードバイ
⑩ 拖拉机	tuolajı	トラクター
⑪ 吉普车	jípǔchē	ジープ
⑫ 面包车	miànbāochē	ワゴン車
⑬ 无轨电车	wúguǐdiànchē	トロリーバス
⑭ 公共汽车	gōnggōngqìchē	バス
⑮ 出租汽车	chūzūqìchē	タクシー

第 9 课

你去过北京什么地方?

あなたは北京のどこに行ったことがありますか。

64

A：去年暑假你去了哪里?

B：我去了北京。

A：你去过北京什么地方?

B：我去过故宫、天安门和长城。

A：你在北京看过京剧吗?

B：看过。我是京剧迷。

A：你能听懂台词吗?

B：听得懂。

会話：ピンイン

A：Qùnián shǔjià nǐ qù le nǎli?

B：Wǒ qù le Běijīng.

A：Nǐ qùguo Běijīng shénme dìfāng?

B：Wǒ qùguo Gùgōng, Tiān'ānmén hé Chángchéng.

A：Nǐ zài Běijīng kànguo jīngjù ma?

B：Kànguo. Wǒ shì jīngjù mí.

A：Nǐ néng tīngdǒng táicí ma?

B：Tīng de dǒng.

会話：日本語参考訳

A：去年の夏休み、あなたはどこへ行きましたか。

B：私は北京へ行きました。

A：あなたは北京のどこに行ったことがありますか。

B：私は故宮、天安門と万里の長城に行ったことがあります。

A：あなたは北京で京劇を見たことがありますか。

B：見たことがあります。私は京劇のファンです。

A：あなたは台詞を聞いて分かりますか。

B：分かります。

●会話に出た単語 63

① 去年　qùnián　去年
② 暑假　shǔjià　夏休み
③ 北京　Běijīng　北京（中国の首都）
④ 过　guo　～したことがある
⑤ 地方　dìfāng　地方・場所・所
⑥ 故宫　Gùgōng　故宮
⑦ 天安门　Tiān'ānmén　天安門
⑧ 和　hé　～と
⑨ 长城　Chángchéng　万里の長城
⑩ 看　kàn　見る
⑪ 京剧　jīngjù　京劇
⑫ 迷　mí　ファン
⑬ 能　néng　できる
⑭ 听　tīng　聞く
⑮ 懂　dǒng　分かる
⑯ 听得懂　tīng de dǒng　聞いて分かる
⑰ 台词　táicí　せりふ

●単語の説明

(1) 过（助詞）

• "过" は動詞の後ろに置いて、日本語の「～したことがある」という意味になる。以前そのようなことがあったことを表す。

• 否定は動詞の前に“没”を置く。

［例］ 我去过冲绳。Wǒ qùguo Chōngshéng.

私は沖縄に行ったことがある。

我没去过夏威夷。Wǒ méi qùguo Xiàwēiyí.

私はハワイに行ったことがない。

(2) 能（助動詞）

• “能”は可能性のあることを表す。日本語の「～ができる」に相当する。

［例］ 我能听懂京剧的台词。Wǒ néng tīng dǒng jīngjù de táicí.

私は京劇のせりふを聞いて分かる。

(3) 得（助詞）

• “得”は動詞と動詞の間に入れて可能の意味を表す。

• 否定は動詞と動詞の間に“不”を入れる。

［例］ 你听得懂京剧台词吗? Nǐ tīng de dǒng jīngjù táicí ma?

あなたは京劇を聞いて分かるのか。

我听不懂。Wǒ tīng bu dǒng.

私は京劇を聞いて分からない。

練 習 問 題

(1) 次の中国語にあたる日本語を選んで線で結びなさい。

① 看过京剧	万里の長城に行ったことがある
② 听得懂台词	京劇を見たことがある
③ 去过长城	せりふを聞いて分かる

(2) （　）内から適切な単語を選んで、それを日本語に訳しなさい。

① 我(看・去)过北京　＿＿＿＿＿＿＿＿＿＿＿＿＿＿

② 我(看・能)过京剧　＿＿＿＿＿＿＿＿＿＿＿＿＿＿

(3) 次の中国語単語を、右の日本語の意味になるように並べ替えなさい。

① 吗　你　在　看过　北京　京剧?　あなたは北京で京劇を見たことがありますか。

＿＿＿＿＿＿＿＿＿＿＿＿＿＿

② 地方　你　什么　去过　北京?　あなたは北京のどこへ行ったことがありますか。

＿＿＿＿＿＿＿＿＿＿＿＿＿＿

③ 听懂　你　台词　吗　能?　あなたはせりふを聞いて分かりますか。

＿＿＿＿＿＿＿＿＿＿＿＿＿＿

(4) 次の中国語の質問に中国語で答えなさい。

① 去年暑假你去了哪里?　＿＿＿＿＿＿＿＿＿＿＿＿＿＿

② 你去过中国吗?　＿＿＿＿＿＿＿＿＿＿＿＿＿＿

(5) 次の中国語のピンインを書きなさい。そして発声しなさい。

① 天安门＿＿＿＿＿＿＿＿　② 京剧＿＿＿＿＿＿＿＿

③ 暑假＿＿＿＿＿＿＿＿

あいさつ語・常用文(9)　多少钱？ いくらですか。 65

① 多少钱?	Duōshao qián?	いくらですか。
② 太贵了。	Tài guì le.	（値段）高すぎる。
③ 我要买这个。	Wǒ yào mǎi zhège.	これを買いたい。
④ 现在几点钟?	Xàinzài jǐ diǎn zhōng?	今何時ですか。
⑤ 厕所在哪里?	Cèsuǒ zài nǎli?	トイレはどこにありますか。
⑥ 小王在吗?	XiǎoWáng zài ma?	王さんはいますか。
⑦ 请转 518 分机。	Qǐng zhuǎn 518 fēnjī.	内線の 518 番にお願いします。
⑧ 去机场怎么走?	Qù jīcháng zěnme zǒu?	空港へはどう行くのでしょうか。

漢字いろいろ(9)　歴史的建造物名の漢字？ 66

① 红场	Hóngchǎng	赤の広場（ロシア）
② 故宫	Gùgōng	故宮（中国）
③ 白宫	Báigōng	ホワイト・ハウス（米国）
④ 吴哥窟	Wúgēkū	アンコール・ワット(カンポジャ)
⑤ 天安门	Tiān’ānmén	天安門（中国）
⑥ 金字塔	Jīnzìtǎ	ピラミッド（エジプト）
⑦ 万里长城	Wànlǐ chángchéng	万里の長城（中国）
⑧ 凡尔赛宫	Fán’ěrsài gōng	ベルサイユ宮殿（フランス）
⑨ 白金汉宫	Báijīnhàn gōng	バッキンガム宮殿（イギリス）
⑩ 克里姆林宫	Kèlǐmǔlín gōng	クレムリン宮殿（ロシア）
⑪ 埃菲尔铁塔	Āifēi’ěr tiětǎ	エッフェル塔（フランス）
⑫ 林肯记念堂	Línkěn jìniàntáng	リンカーン記念館（米国）
⑬ 罗浮宫美术馆	Lúfúgōng měishùguǎn	ルーブル美術館（フランス）
⑭ 自由女神铜像	Zìyóunǚshén tongxiàng	自由の女神像（米国）
⑮ 泰吉・玛哈尔陵	Tàijí mǎhā’ěr líng	タージ・マハール（インド）

第10课

你会唱汉语歌曲吗?

あなたは中国語の歌を歌えますか。

68

A：山本同学，你会汉语吗?
B：会一点，我在大学学过汉语。
A：你会唱汉语歌曲吗?
B：不会。你能教我吗?
A：好的。你喜欢流行歌曲，还是民歌?
B：我喜欢流行歌曲。
A："我只在乎你"这首歌很好听，想学吗?
B：很想学。

会話：ピンイン

A：Shānběn tóngxué，nǐ huì Hànyǔ ma?
B：Huì yìdiǎn. Wǒ zài dàxué xuéguo Hànyǔ.
A：Nǐ huì chàng Hànyǔ gēqǔ ma?
B：Búhuì. Nǐ néng jiāo wǒ ma?
A：Hǎode. Nǐ xǐhuan liúxíng gēqǔ，háishi míngē?
B：Wǒ xǐhuan liúxíng gēqǔ.
A："Wǒ zhī zài hū nǐ" zhè shǒu gē hěn hǎo tīng，xiǎng xué ma?
B：Hěn xiǎng xué.

会話：日本語参考訳

A：山本さん、あなたは中国語ができますか。
B：少しだけできます。私は大学で中国語を勉強したことがあります。
A：あなたは中国語の歌を歌えますか。
B：歌えません。教えてもらえますか。

A：いいですよ。あなたはポップスが好きですか、それとも民謡が好きですか。

B：私はポップスが好きです。

A：「時の流れに身を任せ」はとてもいい歌ですが、習いたいですか。

B：習いたいです。

●会話に出た単語 ㊿67

① 同学　tóngxué　クラスメート・さん

② 会　huì　～ができる

③ 一点　yìdiǎn　少し・少々

④ 大学　dàxué　大学

⑤ 唱　chàng　歌う

⑥ 歌曲　gēqǔ　歌

⑦ 教　jiāo　教える

⑧ 好的　hǎode　いいですよ

⑨ 喜欢　xǐhuan　～が好きだ

⑩ 流行歌曲　liúxíng gēqǔ　ポップス

⑪ 还是　háishi　それとも

⑫ 民歌　míngē　民謡

⑬ “我只在乎你” wǒ zhī zài hū nǐ　「時の流れに身を任せ」（曲名）

⑭ 首　shǒu　曲

⑮ 歌　gē　歌

⑯ 好听　hǎo tīng　いい歌

●単語の説明

(1) 会（動詞）

• “会” は日本語の「～ができる」という意味である。

• 否定は “不会”。

［例］ 他会汉语吗? Tā huì Hànyǔ ma? 彼は中国語ができますか。
他不会汉语。Tā bú huì Hànyǔ. 彼は中国語ができません。

(2) 一点

•“一点”は数をかぞえられない名詞の前に用いてわずかな量を示す。日本語の「少し」に相当する。

［例］ 他会一点汉语。Tā huì yìdiǎn Hànyǔ.
彼は中国語が少しできます。

(3) 教（動詞）

•“教”は「教＋人物＋物事」という語順で二重目的語を有する動詞である。

［例］ 他教我们汉语。Tā jiāo wǒmen Hànyǔ.
彼は私たちに中国語を教えています。

(4) 还是（接続詞）

•“还是”は日本語の「それとも」に相当する。

［例］ 你去北京，还是去上海。Nǐ qù Běijīng, háishi qù Shànghǎi?
あなたは北京に行くのか、それとも上海に行くのか。

練 習 問 題

(1) 次の中国語にあたる日本語を選んで線で結びなさい。

① 很想学	いいですよ
② 会一点	習いたいです
③ 好的	少しできる

(2) (　) 内から適切な単語を選んで、それを日本語に訳しなさい。

① 我(能・喜欢)流行歌曲。 ______________________

② 你想(会・学)吗? ______________________

③ 你能(会・教)我吗? ______________________

(3) 次の中国語単語を、右の日本語の意味になるように並べ替えなさい。

① 过　我　大学　汉语　在　学。私は大学で中国語を勉強したことがある。

____

② 歌曲　喜欢　我　流行。　私はポップスが好きです。

____

③ 歌　好听　这　很　首。　この歌はいい歌です。

____

(4) 次の中国語の質問に中国語で答えなさい。

① 你会唱汉语歌曲吗? ______________________

② 你会汉语吗? ______________________

(5) 次の中国語のピンインを書きなさい。そして発声しなさい。

① 民歌______________　② 流行歌曲______________

③ 喜欢______________

あいさつ語・常用文(10)　祝贺你！　おめでとう。 ㉙

①	祝贺你！	Zhùhè nǐ!	おめでとう。
②	祝你生日快乐！	Zhù nǐ shēngrì kuàilè!	お誕生日おめでとう。
③	祝圣诞节快乐！	Zhù Shèngdànjié kuàilè!	クリスマスおめでとう。
④	祝你走上工作岗位！	Zhù nǐ zǒu shàng gōngzuò gǎngwèi!	ご就職おめでとう。
⑤	祝你考上大学！	Zhù nǐ kǎo shàng dàxué!	大学合格おめでとう。
⑥	祝你毕业！	Zhù nǐ bìyè!	ご卒業おめでとう。
⑦	祝你们新婚快乐！	Zhù nǐmen xīnhūn kuàilè!	ご結婚おめでとう。
⑧	祝你一路平安！	Zhù nǐ yílù píng’ān!	道中ご無事で。

漢字いろいろ(10)　料理名の漢字？ ㊵

①	春卷	chūnjuǎn	春巻
②	馄饨	húntún	わんたん
③	冷菜	lěngcài	前菜
④	甜食	tiánshí	デザート
⑤	泡菜	pàocài	漬け物
⑥	锅贴	guōtiē	焼きギョウザ
⑦	榨菜	zhàcài	ザーサイ
⑧	棒棒鸡	bàngbàng jī	バンバンジー
⑨	担担面	dàndàn miàn	たんたんめん
⑩	回锅肉	huíguo ròu	ホイコーロー
⑪	小笼包	xiǎolóngbāo	小ろん包
⑫	什锦锅粑	shíjǐn guōbā	五目おこげ
⑬	青椒肉丝	qīngjiāo ròusī	チンジョウロースー
⑭	麻婆豆腐	mápó dòufu	マーボー豆腐
⑮	红扒鱼翅	hóngpá yúchì	フカヒレの醤油煮込み
⑯	北京烤鸭	běijīng kǎoyā	北京ダック

Ⅳ. 日常会話練習帳：一問一答 100

この会話練習帳の 100 例は、日本語の会話として“学生同士”“日常使う”会話を集めた。したがって、読者が親しい人と会話するのに違和感がないと思う。また、もう少し丁寧な日本語の言い回しでも中国語会話はほとんど変わらない。

Q 1：あの人は誰？	那个人是谁?	Nàge rén shì shuí?
A 1：私のお母さんだよ。	是我的母亲。	Shì wǒ de mǔqīn.
Q 2：あの人ってどんな性格？	那个人的性格怎么样?	Nàge rén de xìnggé zěnmeyàng?
A 2：明るい人だよ。	很开朗。	Hěn kāilǎng.
Q 3：田中先生知ってる？	你认识田中老师吗?	Nǐ rènshi Tiánzhōng
A 3：知ってるよ。	认识。	lǎoshī ma?／Rènshi.
Q 4：後藤君探してるんだけど、どこにいるか知らない？	你知道后藤同学在哪里吗？	Nǐ zhīdào Hòuténg tóngxué zài nǎli ma?
A 4：さっき、売店で見たよ。	刚才在小卖部碰到了他。	Gāngcái zài xiǎomàibù pèng dào le tā.
Q 5：今、何時かわかる？	现在几点?	Xiànzài jǐ diǎn?
A 5：うん、今 3 時 15 分だよ。	现在 3 点 15 分。	Xiànzài sāndiǎn shíwǔfēn.

Q 6：何をしてるの？	你在做什么?	Nǐ zài zuò shénme?
A 6：宿題してるんだよ。	我在做家庭作业。	Wǒ zài zuò jiātíng zuòyè.
Q 7：何探してるの？	你在找什么?	Nǐ zài zhǎo shénme?
A 7：学生証探してる。	在找学生证。	Zài zhǎo xuéshēngzhèng.
Q 8：ティッシュ持ってない？	你有餐巾纸吗?	Nǐ yǒu cānjīnzhǐ ma?
A 8：あるよ、どうぞ。	有，给你。	Yǒu, gěinǐ.
Q 9：トイレってどこにある？	厕所在哪里?	Cèsuǒ zài nǎli?
A 9：まっすぐ行って左にあるよ。	往前走向左拐就是。	Wǎng qián zǒu xiàng zuǒ guǎi jiùshì.
Q10：どうやって連絡すればいい？	怎么和你联系?	Zěnme hé nǐ liánxì?
A10：携帯の方に電話して。	打我的手机。	Dǎ wǒ de shǒujī.
Q11：連絡先教えてくれない？	能告诉我你的联系方式吗?	Néng gàosu wǒ nǐde liánxì fāngshì ma?
A11：うん、いいよ。	可以啊。	Kěyǐ ā.
Q12：ゴミを出せるのは何曜日だったっけ？	星期几扔垃圾?	Xīngqī jǐ rēng lājī?
A12：月曜日だよ。	星期一。	Xīngqīyī.
Q13：趣味は何？	你的爱好是什么呢?	Nǐ de àihào shì shénme ne?／Wǒ xǐhuan tán jítā.
A13：ギターを弾くことだよ。	我喜欢弹吉他。	

Q14：夢は何？ A14：歌手になることだよ。	你将来想干什么? 想当歌手。	Nǐ jiānglái xiǎng gàn shénme?／Xiǎng dāng gēshǒu.
Q15：出身地はどこ？ A15：江別だよ。	你是哪里人? 我是江别人。	Nǐ shì nǎli rén? Wǒ shì Jiāngbié rén.
Q16：好きなフルーツは何？ A16：バナナとすいかが好き。	你喜欢吃什么水果? 我喜欢吃香蕉和西瓜。	Nǐ xǐhuan chī shénme shuǐguǒ?／Wǒ xǐhuan chī xiāngjiāo hé xīguā.
Q17：嫌いな食べ物はあるの？ A17：漬物が嫌い。	有没有不喜欢吃的东西? 我不喜欢吃酱菜。	Yǒumeiyǒu bù xǐhuan chī de dōngxi?／Wǒ bù xǐhuan chī jiàngcài.
Q18：何かアレルギーある？ A18：うん､蕎麦アレルギーなんだよね。	你对哪些食物会过敏? 我吃荞麦面会过敏。	Nǐ duì nǎxiē shíwù huì guòmǐn?／Wǒ chī qiáomài miàn huì guòmǐn.
Q19：好きな動物は何？ A19：犬が好きだよ。	你喜欢什么动物? 我喜欢狗。	Nǐ xǐhuan shénme dòngwù? Wǒ xǐhuan gǒu.
Q20：何するのが好き？ A20：掃除するのが好きだよ。	你喜欢做什么? 我喜欢打扫卫生。	Nǐ xǐhuan zuò shénme? Wǒ xǐhuan dǎsǎo wèishēng.
Q21：興味のあることは何？ A21：日本の文化に興味あるよ。	你对什么感兴趣? 我对日本文化感兴趣。	Nǐ duì shénme gǎn xìng qù?／Wǒ duì Rìběn wénhuà gǎn xìngqù.

Q22：	どんな時が幸せ？	你觉得什么时候最幸福?	Nǐ juéde shénme shíhòu zuì xìngfú?
A22：	ご飯を食べている時かな！	吃饭的时候最幸福。	Chī fàn de shíhou zuì xìngfú.
Q23：	サークルには入ってるの？	你参加了什么课外活动?	Nǐ cānjiā le shénme kèwài huódòng?
A23：	ボランティアに入ってるよ。	我参加了志愿者活动。	Wǒ cānjiā le zhìyuànzhě huódòng.
Q24：	おすすめの映画は何？	有什么好看的电影吗?	Yǒu shénme hǎo kàn de diànyǐng ma?／Chénglóng de «zuìquán».
A24：	ジャッキー・チェンの「酔拳」。	成龙的《醉拳》。	
Q25：	なんか面白い本ない？	有什么好看的书吗?	Yǒu shénme hǎo kàn de shū ma?／Shén yǒng Xué de «zhēntàn bāyún» fēicháng yǒuqù.
A25：	神永学さんの「探偵八雲」は面白いよ。	神永学的《侦探八云》非常有趣。	
Q26：	昨日は、何してたの？	昨天你干了什么?	Zuótiān nǐ gàn le shénme ma?／Wǒ xué le Rìyǔ.
A26：	日本語の勉強してた。	我学了日语。	
Q27：	昨日は何時に寝た？	昨晚几点睡的?	Zuówǎn jǐdiǎn shuì de?
A27：	夜の 12 時くらいかな。	昨晚 12 点左右睡的。	Zuówǎn shí'èrdiǎn zuǒyòu shuì de.
Q28：	昨日はよく寝れた？	昨晚睡得好吗?	Zuówǎn shuìde hǎo ma?
A28：	ぐっすり寝れたよ。	睡得很好。	Shuì de hěn hǎo.
Q29：	昨日お祭り見に行った？	昨天你参加了节日活动吗？	Zuótiān nǐ cānjiā le jiérì huódòng ma?
A29：	うん見に行ってきた。	参加了。	Cānjiā le.

Q30：昨日はどうだった？	昨天过得好吗?	Zuótiān guò de hǎo ma?
A30：すごく楽しかったよ。	过得很好。	Guò de hěn hǎo.
Q31：最近どうよ？	最近有什么好事?	Zuìjìn yǒu shénme hǎo shì?／Wǒ yǒu nǚpéngyou le.
A31：彼女ができた。	我有女朋友了。	
Q32：今日の気分はどう？	今天心情怎么样？	Jīntiān xīnqíng zěnme yàng?／Hǎojíle.
A32：絶好調。	好极了。	
Q33：機嫌良さそうだね、何かあった？	今天你的心情不错嘛，有什么好事?	Jīntiān nǐ de xīnqíng búcuò ma, yǒu shénme hǎoshì?
A33：宝くじが当たったから、気分が良いんだよね。	我中奖了，太高兴了。	Wǒ zhòngjiǎng le, tài gāoxìng le.
Q34：今、彼女（彼氏）はいるの？	你有女朋友（男朋友）吗?	Nǐ yǒu nǚpéngyou（nánpéngyou）ma?
A34：いるよ。（いるわよ）	有了。	Yǒu le.
Q35：料理したことはある？	你会做菜吗?	Nǐ huì zuò cài ma?
A35：あるよ。	会。	Huì.
Q36：日本の生活には慣れた？	日本的生活已经习惯了吗?	Rìběn de shēnghuó yǐjīng xíguàn le ma?
A36：だいぶ慣れたよ。	基本上习惯了。	Jīběn shàng xíguàn le.
Q37：日本の友達はできた？	你有日本朋友吗?	Nǐ yòu Rìbèn péngyou ma?
A37：できたよ。	我有。	Wǒ yǒu.

Q38：あなたは今何したい？	你准备干什么?	Nǐ zhǔnbèi gàn shénme?
A38：日本語の勉強をしたい。	我想学习日语。	Wǒ xiǎng xuéxí Rìyǔ.
Q39：クリスマスはどうするの？	你和谁一起过圣诞节?	Nǐ hé shuí yìqǐ guò shèngdànjié?
A39：彼女と一緒に過ごすよ。	我和女朋友一起过。	Wǒ hé nǚpéngyou yìqǐ guò.
Q40：バレンタインは友達に何をあげるの？	情人节送了朋友什么吗？	Qíngrénjié sòng le péngyou shénme ma?
A40：今年は、友達とチョコ交換するだけかな。	今年，我就想和朋友交换巧克力。	Jīnnián, wǒ jiù xiǎng hé péngyou jiāohuàn qiǎokèlì.
Q41：卒業後の進路はどうするの？	毕业以后有什么打算?	Bìyè yǐhòu yǒu shénme dǎsuàn?
A41：帰国して、働くよ。	想回国工作。	Xiǎng huíguó gōngzuò.
Q42：卒業旅行はするの？	你想去毕业旅行吗?	Nǐ xiǎng qù bìyè lǚxíng ma?／Xiǎng qù, wǒ xiǎng hé péngyou yìqǐ qù Chōngshéng wán.
A42：するよ。友達と沖縄に行ってくる。	想去，我想和朋友一起去冲绳玩。	
Q43：今日元気ないけど、大丈夫？	今天你脸色不太好，没事吧?	Jīntiān nǐ liǎnsè bú tài hǎo, méishì ba?
A43：風邪引いて、具合が悪いんだよね。	我感冒了，有点不舒服。	Wǒ gǎnmào le, yǒu diǎn bù shūfu.
Q44：寒くない？	你觉得冷吗?	Nǐ juéde lěng ma?
A44：大丈夫。	不冷。	Bù lěng.

Q45：	のどが痛い…。	我喉咙有点疼。	Wǒ hóulóng yǒu diǎn téng.
A45：	大丈夫？ 薬飲んだ？	没事吧？ 吃药了吗？	Méishì ba? Chīyào le ma?
Q46：	岩佐君、足どうしたの？	岩佐君，你脚受伤了？	Yánzuǒ jūn, nǐ jiǎo shòu shāng le?
A46：	いや、ちょっと階段でこけちゃって…。	是的，在台阶上摔了一跤。	Shìde, zài táijiē shàng shuāile yì jiāo.
Q47：	何か悩み事がある？	你有什么烦恼的事吗？	Nǐ yǒu shénme fánnǎo de shì ma?／Méi shénme, jiù shì shuìmián bùhǎo.
A47：	なかなか寝れないんだよね…。	没什么，就是睡眠不好。	
Q48：	ストレスでイライラする。	由于精神压力太大，感到很烦躁。	Yóuyú jīngshén yālì tài dà, gǎndào hěn fánzào.
A48：	お風呂に入ってリラックスした方が良いよ。	洗个澡放松一下就会好的。	Xǐ ge zǎo fàngsōng yíxià jiù huì hǎo de.
Q49：	お昼、なんか食べた？	你吃过午饭了吗？	Nǐ chīguo wǔfàn le ma?
A49：	食べた。	吃过了。	Chīguo le.
Q50：	お腹空かない？	你饿了吗？	Nǐ è le ma?
A50：	お腹空いた。	我饿了。	Wǒ è le.
Q51：	どっか食べに行かない？	我们去哪里吃饭好吗？	Wǒmen qù nǎli chī fàn hǎo ma?
A51：	いいよ。	好的。	Hǎo de.
Q52：	何食べる？	我们吃什么？	Wǒmen chī shénme?
A52：	ラーメン食べる。	吃拉面吧。	Chī lāmiàn ba.

Q53：味はどう？	味道怎么样?	Wèidào zěnmeyàng?
A53：おいしいよ。	很好吃。	Hěn hǎo chī.
Q54：飲み物は紅茶でいい？	我们喝红茶好吗?	Wǒmen hē hóngchá hǎo ma?
A54：うん、いいよ。	可以啊。	Kěyǐ ā.
Q55：コーヒーは飲める？	你喝咖啡吗?	Nǐ hē kāfēi ma?
A55：うん、大丈夫。	我喝啊。	Wǒ hē ā.
Q56：今日は良い天気だね。	今天天气真好啊。	Jīntiān tiānqì zhēnhǎo ā.
A56：そうだね。	是啊。	Shì ā.
Q57：向こうの天気どうだった？	你们那边的天气怎么样?	Nǐmen nàbiān de tiānqì zěnmeyàng?
A57：猛吹雪だったよ。	下暴风雪了。	Xià bàofēngxuě le.
Q58：これからの天気はどうなるかな？	以后天气会怎么样?	Yǐhòu tiānqì huì zěnmeyàng?
A58：雨降りそうだよね。	好像会下雨。	Hǎoxiàng huì xiàyǔ.
Q59：傘は持ってきた？	你带伞了吗?	Nǐ dài sǎn le ma?
A59：持ってきたよ。	带了。	Dài le.
Q60：君は体育祭に参加するの？	你参加体育节吗？	Nǐ cānjiā tǐyùjié ma?
A60：うん、参加するよ。	当然参加。	Dāngrán cānjiā.
Q61：何人まで参加できる？	几个人可以参加?	Jǐ ge rén kěyǐ cānjiā?
A61：4人までいいよ。	四个人可以参加。	Sì ge rén kěyǐ cānjiā.

Q62：バドミントンはできる？	你会打羽毛球吗?	Nǐ huì dǎ yǔmáoqiú ma?
A62：できるよ。	我会打。	Wǒ huì dǎ.
Q63：バドミントンと卓球、どっちがいい？	我们是打羽毛球，还是打乒乓球?	Wǒmen shì dǎ yǔmáoqiú, háishi dǎ pīngpāngqiú?
A63：卓球がいいな。	打乒乓球。	Dǎ pīngpāngqiú.
Q64：手伝ってくれない？	能帮我一下吗?	Néng bāng wǒ yíxià ma?
A64：いいよ。何をすればいい？	可以，你需要我做什么?	Kěyǐ, nǐ xūyào wǒ zuò shénme?
Q65：準備してきて。	请做一下准备。	Qǐng zuò yí xià zhǔnbèi.
A65：うん、わかった。	知道了。	Zhīdào le.
Q66：ちょっと、休んでもいい？	休息一下好吗?	Xiūxi yí xià hǎo ma?
A66：いいよ。	好的。	Hǎo de.
Q67：どこに行きたい？	你想去哪里玩?	Nǐ xiǎng qù nǎli wán?
A67：遊園地に行きたい。	我想去游乐场。	Wǒ xiǎng qù yóulèchǎng.
Q68：一緒に旭山動物園に行かない？	我们一起去旭山动物园好吗?	Wǒmen yìqǐ qù Xùshān dòngwùyuán hǎo ma?
A68：いいよ、行こう。	好的，我们走吧。	Hǎo de, wǒmen zǒu ba.
Q69：明日の９時、大学に集合ね。	明天九点，在大学集合。	Míngtiān jiǔdiǎn, zài dàxué jíhé.
A69：わかった。	知道了。	Zhīdào le.

Q70：何で行くの？	坐什么去?	Zuò shénme qù?
A70：友達の車で行くよ。	坐朋友的车去。	Zuò péngyou de chē qù.
Q71：何買うの？	你买什么?	Nǐ mǎi shénme?
A71：服を買うの。	我买衣服。	Wǒ mǎi yīfu.
Q72：服の予算は幾らぐらいなの？	你准备花多少钱买衣服?	Nǐ zhǔnbèi huā duōshao qián mǎi yīfu?
A72：1万円くらいかな。	我准备花一万日元左右。	Wǒ zhǔnbèi huā yíwàn rìyuán zuǒyòu.
Q73：このデザインについてどう思う？	你觉得这个款式怎么样?	Nǐ juéde zhège kuǎnshì zěnmeyàng?
A73：かっこいいと思うよ。	我觉得很漂亮。	Wǒ juéde hěn piàoliang.
Q74：何買ってきたの？	你买了什么?	Nǐ mǎi le shénme?
A74：お菓子だよ。	我买了点心。	Wǒ mǎi le diǎnxīn.
Q75：荷物持とうか？	我来帮你拿行李吧。	Wǒ lái bāng nǐ ná xíngli ba.／Nà jiù máfan nǐ le.
A75：お願いするわ。	那就麻烦你了。	
Q76：今日、遊びに行ってもいい？	今天我们去玩好吗?	Jīntiān wǒmen qù wán hǎo ma?
A76：いいよ。	好啊。	Hǎo ā.
Q77：今から、私の家に遊びに来ない？	现在来我家玩好吗?	Xiànzài lái wǒ jiā wán hǎo ma?
A77：いいの？ 行くね。	好的，我马上去。	Hǎo de, wǒ mǎshàng qù.

Q78：	この番組は、面白くないね。	这个节目，不好看。	Zhè ge jiémù bù hǎo kàn.
A78：	そうかな？　私は結構、気に入ってるんだけどなぁ。	是吗？我觉得很好看。	Shì ma? Wǒ juéde hěn hǎo kàn.
Q79：	買出し行ってくるわ。何か欲しいものある？	我现在去买东西，你想买点什么？	Wǒ xiànzài qù mǎi dōngxi, nǐ xiǎng mǎi diǎn shénme?
A79：	それじゃ、炭酸ジュースお願い。	那帮我买瓶碳酸果汁好吗。	Nà bāng wǒ mǎi píng tànsuān guǒzhī hǎo ma.
Q80：	遠藤君からのさし入れだよ。皆で食べよう。	这是远藤同学带来的，我们一起吃吧。	Zhèshì Yuǎnténg tóngxué dài lái de, wǒmen yìqǐ chī ba.
A80：	どうもありがとう。	谢谢。	Xièxie.
Q81：	この後、どっかで話さない？	等一下，我们去哪里谈谈好吗？	Děng yí xià, wǒmen qù nǎli tántán hǎo ma?
A81：	いいよ。	好的。	Hǎo de.
Q82：	来週の金曜日の３講目、時間は空いてる？	下周五的第三节课你有空吗？	Xià zhōuwǔ de dìsānjié kè nǐ yǒu kòng ma?
A82：	空いてないわ。	没空。	Méi kòng.
Q83：	なんで遅刻したの？	你为什么迟到呢？	Nǐ wèi shénme chídào ne?
A83：	電車が途中で停まっちゃったから…。	因为电车在中途出了故障…。	Yīnwèi diànchē zài zhōngtú chū le gùzhàng.
Q84：	テストいくつあるの？	你考几门课？	Nǐ kǎo jǐ mén kè?
A84：	５つあるよ。	考五门。	Kǎo wǔ mén.

Q85：そろそろ教室に戻らない？	我们该回教室了?	Wǒmen gāi huí jiàoshì le?
A85：戻ろう。	我们走吧。	Wǒmen zǒu ba.
Q86：隣に座ってもいい？	我可以坐在你旁边吗?	Wǒ kěyǐ zuò zài nǐ pángbiān ma?／Kěyǐ.
A86：いいよ。	可以。	
Q87：これは日本語でなんて言うの？	这个日语怎么说?	Zhège Rìyǔ zěnme shuō?
A87：鉛筆って言うんだよ。	铅笔。	Qiānbǐ.
Q88：“不思議”は、中国語で何て言うの？	“不思議”用中文怎么说?	" ふしぎ " yòng Zhōngwén zěnme shuō?
A88：ちょっと、待って。今、調べるから。	请稍等。我马上查一下。	Qǐng shāoděng. Wǒ mǎshàng chá yí xià.
Q89：今の言葉は中国語で“集合”と言います。	这个单词在汉语的发音是“集合”。	Zhège dāncí zài Hànyǔ de fāyīn shì "jíhé".
A89：もう一度、言って。	请再说一遍。	Qǐng zài shuō yī biàn.
Q90：私が今言ったことわかった？	我现在说的内容你明白了吗?	Wǒ xiànzài shuō de nèiróng nǐ míngbai le ma?
A90：わかった。	明白了。	Míngbai le.
Q91：宿題どこからだっけ？	作业从哪页开始?	Zuòyè cóng nǎyè kāishǐ?
A91：8ページの所からだよ。	从第八页开始。	Cóng dì bā yè kāishǐ.

Q92：この問題の答えわかる？	这个问题的答案你知道吗?	Zhège wèntí de dá'àn nǐ zhīdào ma?
A92：わかるよ。	我知道。	Wǒ zhīdào.
Q93：教えて欲しいんだけど…。	有事想请教你。	Yǒu shì xiǎng qǐng jiào nǐ.
A93：何を教えて欲しいの？	你想问什么?	Nǐ xiǎng wèn shénme?
Q94：英語教えてくれない？	你能教我英语吗?	Nǐ néng jiāo wǒ Yīngyǔ ma?／Kěyǐ.
A94：いいよ。	可以。	
Q95：ごめん、ちょっと書くもの貸してくれない？	不好意思，笔借我一下?	Bù hǎo yìsi, bǐ jiè wǒ yíxià?
A95：いいよ。	可以。	Kěyǐ.
Q96：あれ何て書いてある？	那个写了什么?	Nàge xiě le shénme?
A96：「？」だよ。	那个写了［？］。	Nàge xiě le［？］.
Q97：ノート見せてもらってもいい？	让我看一下你的笔记好吗?	Ràng wǒ kàn yíxià nǐ de bǐjì hǎo ma?
A97：いいよ。	可以啊。	Kěyǐ ā.
Q98：どこのゼミで何してるの？	你的指导老师是谁，跟他学什么?	Nǐ de zhǐdǎo lǎoshī shì shuí, gēn tā xué shénme?
A98：高瀬ゼミで会計の勉強をしてるよ。	我跟高濑老师学会计。	Wǒ gēn Gāolài lǎoshī xué kuàijì.

Q99：中国語の講義はどう？	汉语课怎么样啊?	Hànyǔ kè zěnmeyàng ā?
A99：勉強になるからいいよ！	能学到东西，很好。	Néng xué dào dōngxi, hěn hǎo.
Q100：4 講義目の授業、一緒に受けてもいい？	第四节课，我们一起上好吗?	Dìsì jié kè, wǒmen yìqǐ shàng hǎo ma?
A100：いいよ。	好的。	Hǎo de.

V. 日中の漢字：意味が違う漢字集

日本語の漢字「汽車」は、中国では“自動車”を意味する。”汽車”のことは中国語では「火车」と書く。漢字「贸易」は，日本語では海外との商取引のみを指すが、中国では国内を含めてのすべての商取引を意味する。中国では国内の商取引を「国内贸易」、海外との商取引を「对外贸易」と書く。

同じ漢字であるから、日中での意味も同じだろうと思う読者も大勢いるだろう。同じ意味の漢字も多くあるが，意味が違う場合が少なからずある。そこで，「こんなに違う日中の漢字」ダイジェストを設けた。日本の漢字が中国語では簡体字となっている文字もあるが字源は同じである。

日本語の漢字	中国語の意味	日本語と同じ中国語の漢字とその日本語の意味	
娘	女儿 nǚ'ér	娘 niáng	お母さん
猪	野猪 yězhū	猪 zhū	豚
床	地板 dìbǎn	床 chuáng	ベッド
靴	鞋 xié	靴 xuē	ブーツ
湯	开水 kāishuǐ	汤 tāng	スープ
老婆	老太婆 lǎotàipó	老婆 lǎopo	女房
丈夫	健康 jiànkāng	丈夫 zhàngfu	夫
主人	丈夫 zhàngfu	主人 zhǔrén	あるじ
愛人	情人 qíngrén	爱人 àirén	配偶者
手紙	信 xìn	手纸 shǒuzhǐ	トイレットペーパー
怪我	受伤 shòushāng	怪我 guàiwǒ	私のせい(私が悪い)
結束	团结 tuánjié	结束 jiéshù	終結する
没頭	专心致志 zhuānxīn zhìzhì	没头 méitóu	頭がない

日本語の漢字	中国語の意味	日本語と同じ中国語の漢字とその日本語の意味	
拘束	限制 xiànzhì	拘束 jūshù	ぎこちない
約束	约定 yuēdìng	约束 yuēshù	制約する
告訴	起诉 qǐsù	告诉 gàosu	知らせる
勉強	学习 xuéxí	勉强 miǎnqiǎng	無理に
汽車	火车 huǒchē	汽车 qìchē	自動車
麻雀	麻将 májiàng	麻雀 máquè	すずめ
出産	生孩子 shēng háizi	出产 chūchǎn	出産する
合同	联合 liánhé	合同 hétong	契約
大手	大企业 dàqǐyè	大手 dàshǒu	大きな手
検討	讨论 tǎolùn	检讨 jiǎntǎo	反省する
念書	字据 zìjù	念书 niànshū	本を読む
外人	外国人 wàiguórén	外人 wàirén	他人
迷惑	麻烦 máfan	迷惑 míhuò	迷わす
大家	房东 fángdōng	大家 dàjiā	皆さん
新聞	报纸 bàozhǐ	新闻 xīnwén	ニュース
料理	烹调 pēngtiáo	料理 liàolǐ	きりもりする
帰還	返回 fǎanhuí	归还 guīhuán	返却する
便宜	方便 fāngbiàn	便宜 piányi	安い
用心	提防 dīfáng	用心 yòngxīn	苦心する
下手	笨拙 bènzhuō	下手 xiàshǒu	助手
発火	点火 diǎnhuǒ	发火 fāhuǒ	怒る
交代	交替 jiāotì	交代 jiāodài	自白
大方	大部分 dàbùfen	大方 dàfāng	気前がいい
再見	重访 chóngfǎng	再见 zàijiàn	さようなら
小心	胆小 dǎnxiǎo	小心 xiǎoxīn	気をつける
糊塗	敷衍 fūyǎn	糊涂 hútu	愚か
切手	邮票 yóupiào	切手 qiēshǒu	手を切る
看病	护理 hùlǐ	看病 kànbìng	診察を受ける

日本語の漢字	中国語の意味	日本語と同じ中国語の漢字とその日本語の意味	
夢中	入迷 rùmí	梦中 mèngzhōng	夢のなか
貿易	对外贸易 duìwài màoyì	贸易 màoyì	すべての商取引
体裁	样式 yàngshì	体裁 tǐcái	ジャンル
裁判	审判 shěnpàn	裁判 cáipàn	(スポーツで)審判する
顔色	脸色 liǎnsè	颜色 yánsè	色
工作	活动 huódòng	工作 gōngzuò	働く
石頭	死脑筋 sǐnǎojīn	石头 shítou	石
経理	会计 kuàijì	经理 jīnglǐ	支配人（部長級）
改行	另起一行 lìng qǐ yì háng	改行 gǎiháng	転業する
難聴	重听 zhòngtīng	难听 nántīng	聞きづらい
演出	导演 dǎoyǎn	演出 yǎnchū	公演する
暗算	心算 xīnsuàn	暗算 ànsuàn	ひそかに企む
一味	同伙 tónghuǒ	一味 yíwèi	ひたすらに
研究生	研修生 yánxiūshēng	研究生 yánjiūshēng	大学院生
真面目	认真 rènzhēn	真面目 zhēnmiànmù	本当の姿

Ⅵ. 経営・情報用語集

(1) 経営用語（日中英）

赤字	赤字 chìzì	deficit
安定成長	稳定增长 wěndìng zéngzhǎng	stable growth
一次産業	第一产业 dìyī chǎnyè	primary industry
イノベーション	技术革新 jìshù géxīn	Innovation
インサイダー取引	内线交易 nèixiàn jiāoyì	insider trading
インフラストラクチャー	基础设施 jīchǔ shèshī	infrastructure
インフレーション	通货膨胀 tōnghuò péngzhàng	inflation
ウォール街	华尔街 Huá'ěrjiē	Wall Street
エネルギー	能源 néngyuán	energy
ウルグアイ・ラウンド	乌拉圭回合 Wūlāguī huìhé	Uruguay Round
円借款	日元贷款 rìyuán dàikuǎn	yen credit
オイル・ショック	石油危机 shíyóu wēijī	oil shock
卸売市場	批发市场 pīfā shìchǎng	wholesale market
海外直接投資	海外直接投资 hǎiwài zhíjiē tóuzī	Direct overseas investment
外貨準備高	外汇储备 wàihuì chǔbèi	foreign currency reserves
外貨預金	外汇存款 wàihuì cúnkuǎn	foreign currency deposit
外国為替	外汇 wàihuì	foreign exchange
外国為替レート	外汇汇率 wàihuì huìlù	rate of foreign exchange
外資系企業	外资企业 wàizīi qǐyè	foreign affiliate
加工貿易	加工贸易 jiāgōng màoyì	improvement trade
寡占価格	垄断价格 lǒngduàn jiàgé	oligopoly price
合併・買収（M&A）	兼并 jiānbìng	merger and acquisitions
株式	股票 gǔpiào	Stock
監査	审计 shěnjì	audit

関税	关税 guānshuì	Tariff
完全雇用	充分就业 chōngfèn jiùyè	full employment
技術移転	技术转让 jìshù zhuǎnràng	technology transfer
均衡価格	均衡价格 jiūnhéng jiàgé	equilibrium price
金本位制	金本体制 jīnběn tǐzhì	gold standard
金融機関	金融机构 jīnróng jīgòu	financial institution
グローバル経済	全球化经济 quánqiúhuà jīngjì	global economic
計画経済	计划经济 jìihuà jīngjì	planned economy
経済制裁	经济制裁 jīngjì zhìcái	economic sanctions
経済収支	经常收支 jīngcháng shōuzhī	pretax profit
ゲームの理論	博弈论 bóyì lùn	theory of games
計量経済学	计量经济学 jìliàng jīngjìxué	econometrics
ケインズ政策	凯恩斯政策 kǎi'ēnsī zhèngcè	Keynesian policy
ケネディ・ラウンド	肯尼迪回合 kěnnídí huíhé	Kennedy Round
原価	成本 chéngběn	cost
減価償却	折旧 zhéjiù	depreciation
限界効用	边际效用 biānjì xiàoyìng	marginal utility
構造改革	结构改革 jiégòu gǎigé	structural reform
郷鎮企業	乡镇企业 xiāngzhèn qǐyè	xiang-zhen company
購買力平価説	购买力平价说 gòumǎilì píngjiàshuō	theory of purchasing power parity
子会社	子公司 zǐgōngsī	subsidiary
合弁企業	合资企业 hézī qǐyè	joint venture
国債	国债 guózhài	government bond
国際収支	国际收支 guójì shōuzhī	international balance
国際分業	国际分工 guójì fēngōng	international division of labor
国内総生産	国内生产总值 guónèi shēngchǎn zǒngzhí	gross domestic product
国民所得	国民收入 guómín shōurù	national income
固定資産	固定资产 gùdìng zīchǎn	fixed assets
雇用保険	就业保险 jiùyè bǎoxiǎn	employment insurance
最恵国待遇	最惠国待遇 zuìhuìguó dàiyù	mast-favored nationtreat-ment

最高経営責任者(CEO)	首席执行官 shǒuxí zhíxíngguān	chief exective officer
先物市場	期货市场 qīhuò shìchǎng	future market
先物取引	期货交易 qīhuò jiāoyì	future trading
サービス貿易	服务贸易 fúwù màoyì	service trade
産業空洞化	产业空洞化 chǎnyè kōngdònghuà	hollowing-out of industry
産業構造	产业结构 chǎnyè jiégòu	industrial structure share
シェア	市场占有率 shìchǎng zhànyǒulǜ	
市場メカニズム	市场机制 shìchǎng jīzhì	market mechanism
失業率	失业率 shīyèlǜ	unemployment rate
実質成長率	实际增长率 shíjì zēngzhǎnglǜ	real growth rate
資本収支	资本收支 zīběn shōuzhī	balance of capital account
終身雇用	终身雇用 zhōngshēn gùyòng	lifetime employment
自由貿易圏	自由贸易区 zìyóu màoyìqū	free trade zone
需要曲線	需求曲线 xūqiú qūxiàn	demand curve
証券取引所	证券交易所 zhèngquàn jiāoyìsuǒ	securities exchange
所得税	所得税 suǒdéshuì	income tax
信託銀行	信托公司 xìntuō yínháng	trust bank
垂直的分業	垂直分工 chuízhí fēngōng	vertical international specialization
水平的分業	水平分工 shuǐpíng fēngōng	horizontal international specialization
スタグフレーション	滞涨 zhìzhǎng	stagflation
ストック	库存 kùcún	stock
スミソニアン体制	史密森协议 shǐmìsēn xiéyì	Smithsonian Agreements
税制改革	税制改革 shuìzhì gǎigé	taxation system reform
政府開発援助(ODA)	政府开发援助 zhèngfǔ kāifā yuánzhù	official development assistance
世界貿易機構(WTO)	世界贸易组织 shìjiè màoyì zǔzhī	World Trade Organization
生産要素	生产要素 shēngchǎn yàosù	factors of production

貸借対照表	资产负债表 zīchǎn fùzhàibiǎo	balance sheet
多国籍企業	跨国公司 kuàguó gōngsī	Multinational corporation
ダンピング	倾销 qīngxiāo	dumping
知的所有権	知识产权 zhīshi chǎnquán	intellectual
直接投資	直接投资 zhíjiē tóuzī	direct investment
通貨供給量	货币供应量 huòbì gòngyìngliàng	money supply
電子商取引	电子商务 diànzǐ shāngwù	electronic commerce
投資	投资 tóuzī	investment
独占禁止法	反垄断法 fǎn lǒngduànfǎ	Anti-Monopoly Law
内国民待遇	国民待遇 guómín dàiyù	national treatment
年金	养老金 yǎnglǎojīn	pension
ノーベル経済学賞	诺贝尔经济学奖 nuò'bèiěr jīngjìxuéjiāng	Nobel prize for economics
バイオテクノロジー	生物技术 shēngwù jìshù	biotechnology
ハイテク産業	高新技术产业 gāoxīn jìshù chǎnyè	hightechnology industry
発展途上国	发展中国家 fāzhǎnzhōng guójiā	developing country
バーター貿易	易货贸易 yìhuò màoyì	barter trade
バブル経済	泡沫经济 pàomò jīngjì	bubble economy
比較生産費説	比较成本学说 bǐjiào chéngběn xuéshuō	heory of comparative costs
非関税障壁	非关税壁垒 fēi guānshuì bìlěi	non-tariff barrier
品質管理（QC）	质量管理 zhìliàng guǎnlǐ	quality control
付加価値税	附加价值税 fùjiā jiàshíshuì	value added tax
不況	不景气 bùjǐngqì	Anti-depression
物価指数	物价指数 wùjià zhǐshù	price index
不動産	房地产 fángdìchǎn	real estate
プラント輸出	成套设备出口 chéngtào shèbèi chūkǒu	export of industrial plants
ブレトン・ウッズ体制	布雷顿森林体系 bùléidùn senlín tǐxì	Bretton Woods Systen
ブローカー	经纪人 jīngjìrén	broker

ブロック経済	区域经济 qūyù jīngjì	bloc economy
ヘッジ・ファンド	对冲基金 duìchōng jījīn	hedge fund
変動相場制	浮动汇率制 fúdòng huìlùzhì	floating exchange rate system
貿易	贸易 màoyì	trade
法人税	法人税 fărénshuì	corporation tax
北米自由貿易協定	北美自由贸易区 běiměi zìyóu màoyìqū	North American Free Trade Agreement
保護貿易主義	贸易保护主义 màoyì bǎohù zhǔìyì	Protectionism
補償貿易	补偿贸易 bǔcháng màoyì	compensation trade
マクロ経済	宏观经济 hóngguān jīngjì	Macroeconomics
マーケティング	营销学 yíngxiāoxué	marketing
ミクロ経済	微观经济 wēiguān jīngjì	microeconomics
メーカー	厂商 chǎngshāng	maker
持ち株会社	持股公司 chígǔ gōngsī	holding company
有効需要	有效需求 yǒuxiào xūqiú	effective demand
輸入割当制	进口配额制 jìnkǒu pèi'ézhì	Import quota system
ユーロ市場	欧元市场 ōuyuán shìchăng	Euro-market
予算	预算 yùsuàn	budget
流動資産	流动资金 liúdòng zījīn	current assets
労働生産性	劳动生产率 láodòng shéngchănlì	labor produtivity

(2) 情報用語（日中英）

ADSL(非対称デジタル加入者線)	非对称数字用户环线 fēiduìchèn shùzì yònghù huánxiàn	asymmetric digital subscriber line
API	应用程序设计接口 yìngyòng chéngxù shèjì jiēkǒu	application program interface
BIOS	基本输入／输出系统 jīběn shūrù/shūchū xìtǒng	basic input output system
if 文	if 语句 yǔjù	if statement
LAN	局域网 júyùwǎng	local area network
OS(オペレーティングシステム)	操作系统 cāozuō xìtǒng	operating system
USB メモリー	USB 存储器 USB cúnchǔqì	usb memory
アイコン	图标 túbiāo	icon
アーキテクチャー	体系结构 tǐxì jiégòu	architecture
アクセス	存取 cúnqǔ	access
アドレス	地址 dìzhǐ	address
アナログ	模拟量 mónǐliàng	analog
アナログディスプレイ	模拟显示器 mónǐ xiǎnshìqì	analog display
アプリケーション	应用程序 yìngyòng chéngxù	application
アルゴリズム	算法 suànfǎ	algorithm
アルファベット	字母表 zìmǔbiǎo	alphabet
暗号化	加密 jiāmì	encryption
イメージ	图像 túxiàng	image
インストール	安装 ānzhuāng	install
インターネット	互联网 hùliánwǎng	internet
エラー	错误 cuòwù	error
エンコーディング	编码 biānmǎ	encoding
エンターキー	输入键 shūrùjiàn	enter key
大文字	大写字母 dàxiě zìmǔ	capital letter
オフライン	脱机 tuōjī	off-line
オンライン	联机 liánjī	on-line

階層構造	层级构造 céngjí gòuzào	hierarchical structure
カウンタ	计数器 jìshùqì	counter
拡張子	扩展名 kuòzhǎnmíng	extension
カーソル	光标 guāngbiāo	cursor
画面（ディスプレイ）	显示器 xiǎnshìqì	display
カラーパレット	调色板 tiáosèbǎn	color palette
カラープリンタ	彩色打印机 cǎisè dǎyìnjī	color printer
カレントディレクトリ	当前目录 dāngqián mùlù	current directory
環境変数	环境变量 huánjìng biànliàng	environment variable
関数	函数 hánshù	function
キャッシュメモリ	高速缓冲存储器 gāosù huǎnchōng cúnchǔqì	cache memory
キャラクタ	字符 zìfú	character
キャンセル	取消 qǔxiāo	cancel
強制終了	强制结束 qiángzhì jiéshù	forced termination
クラス	类 lèi	class
クリア	清除 qīngchú	clear
クリック	单击 dānjī	click
グローバル変数	全局变量 quánjú biànliàng	global varible
ケーブル	电缆 diànlǎn	cable
降順ソート	递减排序 dìjiǎn páixù	descending sort
コーディング	编码 biānmǎ	coding
コマンド	命令 mìnglìng	command
コマンドライン	命令行 mìnglìngháng	command line
コマンドラインパラメータ	命令行参数 mìnglìngháng cānshù	command line parameter
コントロール	控制 kòngzhì	control
コンパイル	编译 biānyì	compile
コンピュータウイルス	计算机病毒 jìsuànjī bìngdú	computer virus
コンピュータグラフィックス	计算机图形学 jìsuànjī túxíngxué	computer graphics
コンピュータサイエンス	计算机科学 jìsuànjī kēxué	computer science
コンピュータシミュレーション	计算机模拟 jìsuànjī mónǐ	computer simulation

コンピュータセキュリティ	计算机安全 jìsuànjī ānquán	computer security
コンピュータネットワーク	计算机网络 jìsuànjī wǎngluò	computer newwork
コンピュータリテラシ	计算机基本能力 jìsuànjī jīběn nénglì	computer literacy
サイバースペース	网络空间 wǎngluò kōngjiān	cyberspace
削除	删除 shānchú	delete
サーチエンジン	搜索引擎 sōusuǒ yǐnqíng	search engine
サーバ	服务器 fúwùqì	server
座標	坐标 zuòbiāo	coordinate
初期化	格式化 géshìhuà	format
人工知能	人工智能 réngōng zhìnéng	artificial intelligence
診断プログラム	诊断程序 zhěnduàn chéngxù	diagnostic program
制御プログラム	控制程序 kòngzhì chéngxù	control program
接続	连接 liánjiē	connect
セットアップ	安装 ānzhuāng	set-up
全角	全角 quánjiǎo	full width
ダイナミックアクセス	动态存取 dòngtài cúnqǔ	dynamic access
ダウンロード	下载 xiàzǎi	download
タスク	任务 rènwu	task
ダブルクリック	双击 shuāngjī	double click
ダミーファイル	虚拟文件 xūnǐ wénjiàn	dummy file
致命的エラー	致命错误 zhìmìng cuòwù	critical error
チャット	聊天 liáotiān	chat
通信	通信 tōngxìn	communicate
通信回線	通信线路 tōngxìn xiànlù	communication line
通信プロトコル	通信协议 tōngxìn xiéyì	communication protocol
ディスク	磁盘 cípán	disk
ディスクシリアルナンバ	磁盘序号 cípán xùhào	disk serial number
デコード	解码 jiěmǎ	decode
デジタル・アナログ変換器	数字模拟转换器 shùzì mónǐ zhuǎnhuànqì	digital-analog converter
デジタルカメラ	数码相机 shùmǎ xiàngjī	digital camera
デジタル信号	数字信号 shùzì xìnhào	digital signal

データチェック	数据检测 shùjù jiǎncè	data check
データベース	数据库 shùjùkù	database
デバイスハンドラ	设备处理程序 shèbèi chǔlǐ chéngxù	device handler
デバッグ	调试 tiáoshì	debug
デフォルト	系统预置 xìtǒng yùzhì	default
デフラグ	磁盘碎片整理程序 cípán suìpiàn zhěnglǐ chéngxù	disk defragmenter
デモ	演示 yǎnshì	demo
ドメイン	定义域 dìngyìyù	domain
ドメインネームサーバ	域名服务器 yùmíng fúwùqì	domain name server
ネットワーク	网络 wǎngluò	network
バイト	字节 zìjié	byte
バイナリコード	2 进制代码 èrjìnzhì dàimǎ	binary code
ハイパーテキスト	超文本 chāowénběn	hypertext
ハイパーリンク	超级链接 chāojí liànjiē	hyperlink
バグ	错误 cuòwù	bug
バージョン	版本 bǎnběn	version
バーチャル（仮想）	虚拟 xūnǐ	virtual
ハッカー	黑客 hēikè	hacking
バックスペースキー	退格键 tuìgéjiàn	backspace key
バッファリング	缓冲技术 huǎnchōng jìshù	buffering
ハードウェア	硬件 yìngjiàn	hardware
ハードディスク	硬盘 yìngpán	hard disk
汎用	通用 tōngyòng	general purpose
ビジー信号	占线信号 zhànxiàn xìnhào	busy singal
非同期通信	异步通信 yìbù tōngxìn	asynchronous communication
フィードバック	反馈 fǎnkuì	feedback
フォルダ	文件夹 wénjiànjiā	folder
フォント	字体 zìtǐ	font
ブックマーク	收藏夹 shōucángjiá	bookmark
フッタ	脚文 jiǎowén	footer
ブラウザ	浏览器 liúlǎnqì	browser

プラットフォーム	操作平台 cāozuò píngtái	platform
フルパス	全路径 quánlùjìng	full path
プロキシサーバ	代理服务器 dàilǐ fúwùqì	proxy server
プログラミング	程序语言 chéngxù yǔyán	programming
フロー制御	流程控制 liúhéng kòngzhì	flow control
フローチャート	流程图 liúchéngtú	flow chart
プロトコル	协议 xiéyì	protocol
プロトタイプ	原型 yuánxíng	prototype
プロバイダー	提供商 tígōngshāng	provider
プロパティ	属性 shǔxìng	properties
分散処理	分布式处理方式 fēnbùshì chǔlǐ fāngshì	distributed processing
文法	文法 wénfǎ	grammer
ホスト	主机 zhǔjī	host
ボタン	按钮 ànniǔ	button
ホームページ	主页 zhǔyè	homepage
ミドルウェア	中间插件 zhōngjiān chājiàn	middleware
文字コード	字符编码 zìfú biānmǎ	character code
呼び出し	调用 diàoyòng	call
リンク	链接 liànjiē	link
例外処理	例外处理 lìwài chǔlǐ	exception handling
ログイン	登录 dēngù	login
論理式	布尔表达式 bùěrbiǎodáshì	boolean expression

中国語音節

子音＼母音		1（介音なし）							介音なし									
		a	o	e	-i	er	ai	ei	ao	ou	an	en	ang	eng	-ong	i	ia	iao
b	ピンイン	bá	bō				bái	běi	bào		bǎn	bēn	bāng	bēng		bǐ		biǎo
	中国語	拔	波				白	北	抱		板	奔	帮	崩		笔		表
P	ピンイン	pà	pò				pài	péi	pāo	pōu	pàn	pēn	pàng	pèng		pí		piāo
	中国語	怕	破				派	赔	抛	剖	盼	喷	胖	碰		皮		漂
m	ピンイン	mǎ	mò				mài	méi	māo	móu	mán	mén	máng	mèng		mǐ		miáo
	中国語	马	墨				卖	梅	猫	谋	瞒	门	忙	梦		米		苗
f	ピンイン	fá	fó					fēi		fǒu	fàn	fén	fàng	fēng				
	中国語	罚	佛					飞		否	饭	坟	放	风				
d	ピンイン	dà		dé			dài	děi	dào	dòu	dàn		dǎng	dēng	dōng	dí		diào
	中国語	大		得			带	得	稻	豆	蛋		党	登	冬	笛		钓
t	ピンイン	tà		te			tái		táo	tóu	tān		tāng	téng	tóng	tī		tiào
	中国語	踏		特			抬		逃	头	贪		汤	疼	铜	踢		跳
n	ピンイン	nà		ne			nài	nèi	nǎo	nou	nán	nèn	náng	néng	nóng	ní		niǎo
	中国語	纳		呢			耐	内	脑		南	嫩	囊	能	浓	泥		鸟
l	ピンイン	là		lè			lái	lèi	lǎo	lòu	lán		láng	lěng	lóng	lí	liǎ	liáo
	中国語	辣		乐			来	泪	老	漏	蓝		狼	冷	龙	离	俩	聊
g	ピンイン	gá		gē			gǎi	gěi	gāo	gǒu	gān	gēn	gǎng	gēng	gōng			
	中国語	轧		歌			改	给	高	狗	肝	根	港	耕	攻			
k	ピンイン	kǎ		kè			kāi		kào	kǒu	kàn	kěn	káng	kēng	kōng			
	中国語	卡		刻			开		靠	口	看	啃	扛	坑	空			
h	ピンイン	hā		hē			hǎi	hēi	hǎo	hóu	hán	hèn	háng	héng	hóng			
	中国語	哈		喝			海	黑	好	猴	含	恨	行	横	红			
j	ピンイン															jī	jiā	jiào
	中国語															鸡	家	叫
q	ピンイン															qī	qiā	qiáo
	中国語															妻	掐	桥
x	ピンイン															xǐ	xià	xiào
	中国語															洗	夏	笑
zh	ピンイン	zhā		zhé	zhǐ		zhāi	zhèi	zhǎo	zhōu	zhàn	zhēn	zhàng	zhēng	zhǒng			
	中国語	渣		折	纸		摘	这	找	粥	占	针	胀	争	肿			
ch	ピンイン	chá		chè	chī		chái		cháo	chòu	chǎn	chén	cháng	chéng	chóng			
	中国語	茶		撤	吃		柴		潮	臭	产	沉	长	城	虫			
sh	ピンイン	shā		shé	shí		shài	shéi	shǎo	shòu	shān	shēn	shāng	shèng				
	中国語	沙		蛇	石		晒	谁	少	瘦	山	深	伤	胜				
r	ピンイン			rè	rì				rào	ròu	rǎn	rén	ràng	rēng	róng			
	中国語			热	日				绕	肉	染	人	让	扔	溶			
z	ピンイン	zā		zé	zì		zāi	zéi	zào	zǒu	zǎn	zěn	zāng	zēng	zǒng			
	中国語	扎		择	字		灾	贼	造	走	攒	怎	脏	增	总			
c	ピンイン	cā		cè	cì		cāi		cǎo	còu	cán		cáng	céng	cōng			
	中国語	擦		测	刺		猜		草	凑	蚕		藏	曾	葱			
s	ピンイン	sǎ		sè	sì		sài		sào	sōu	sǎn	sēn	sāng	sēng	sòng			
	中国語	撒		色	寺		塞		臊	搜	伞	森	桑	僧	送			
子音なし	ピンイン	ā	ó	è		ěr	ǎi		áo		ān	ēn				yí	yā	yào
	中国語	啊	哦	饿		耳	矮		熬		鞍	恩				移	鸭	药

一覧表

2 （介音 i）							3 （介音 u）									4 （介音 ü）			
ie	iou	ian	in	iang	ing	iong	u	ua	uo	uai	uei	uan	uen	uang	ueng	ü	üe	üan	ün
bié		biān	bīn		bīng		bù												
别		鞭	宾		冰		布												
piě		piàn	pín		píng		pū												
撇		骗	贫		平		铺												
miè	miù	mián	mín		mìng		mù												
灭	谬	绵	民		命		木												
							fǔ												
							斧												
diē	diū	diàn			dīng		dù		duō		duì	duǎn	dūn						
跌	丢	电			钉		肚		多		队	短	吨						
tiě		tián			tīng		tǔ		tuō		tuī	tuán	tūn						
铁		甜			听		土		拖		推	团	吞						
niē	niú	nián	nín	niáng	níng		nù		nuó			nuǎn				nǚ	nüè		
捏	牛	年	您	娘	拧		怒		挪			暖				女	虐		
liè	liú	liǎn	lín	liàng	líng		lù		luó			luàn	lún			lǜ	lüè		
劣	流	脸	林	亮	零		路		锣			乱	轮			绿	掠		
							gù	guà	guō	guài	guì	guān	gùn	guǎng					
							雇	挂	锅	怪	跪	关	棍	广					
							kù	kuǎ	kuò	kuài	kuī	kuān	kǔn	kuàng					
							裤	垮	扩	快	亏	宽	捆	框					
							hú	huā	huǒ	huài	huí	huàn	hún	huáng					
							湖	花	火	坏	回	换	魂	黄					
jiě	jiǔ	jiān	jīn	jiàng	jìng	jiǒng										jú	jué	juǎn	jūn
姐	酒	肩	金	降	静	窘										橘	绝	卷	军
qiè	qiú	qiǎn	qín	qiāng	qīng	qióng										qù	quē	quán	qún
窃	求	浅	琴	枪	青	穷										去	缺	泉	裙
xiě	xiū	xián	xīn	xuàng	xīng	xióng										xǔ	xuě	xuǎn	xún
写	修	咸	新	象	星	熊										许	雪	选	寻
							zhū	zhuā	zhuō		zhuī	zhuān	zhǔn	zhuāng					
							猪	抓	桌		追	砖	准	装					
							chú		chuō	chuài	chuī	chuán	chūn	chuáng					
							锄		戳	踹	吹	船	春	床					
							shù	shuā	shuō	shuāi	shuǐ	shuàn	shùn	chuāng					
							树	刷	说	衰	水	涮	顺	霜					
							rù		ruò		ruì	ruǎn							
							入		弱		锐	软							
							zú		zuǒ		zuǐ	zuān	zūn						
							足		左		嘴	钻	遵						
							cù		cuò		cuī	cuàn	cūn						
							醋		错		催	窜	村						
							sù		suō		suì	suàn	sūn						
							诉		缩		碎	蒜	孙						
yè	yóu	yàn	yín	yáng	yìng	yǒng	wù	wā	wǒ	wài	wèi	wán	wēn	wàng	wèng	yǔ	yuè	yuǎn	yún
页	油	燕	银	羊	硬	勇	雾	挖	我	外	胃	玩	温	忘	瓮	雨	月	远	云

あ　と　が　き

このテキストの「Ⅳ.日常会話練習帳」は、私が中国語を教えている学生たちが「中国人留学生と少しでも会話ができるようになりたい」との強い思いから作った冊子を基にしています。中国語の会話部分を担当したのは中国人留学生ですので、より日常的な中国語会話となっています。また日本語の会話は“学生同士の会話”になっていますが、一般の方が親しい人と会話するのには違和感がないと思います。もう少し丁寧な日本語の言い回しでも中国語会話はほとんど変わりません。

学生たちは編集委員会を編成して、「留学生のための日本語日常会話（一問一答式）練習帳」として「一般的な会話編」と「学生同士の会話編」の冊子を作成しました。私は監修者として編集委員会および冊子作成に参画しました。ですから、本書に載せた内容およびそれにかかわる責任はすべて私にあります。

日本語を担当したのは、紺谷 昴、高山奈穂美、中国語の担当は何 嵩昊、朱 燁、陳 兵、張 婉璐、宋 希平、陳 敏潔、許 鷺、叶 倩、陸 堃の諸君です。本書に掲載させてくれたことを感謝いたします。

著者　田 中 英 夫（たなか ひでお）
北海道情報大学情報メディア学部 教授

［改訂版］ 会話で学ぶ／初級中国語　CD付

2024年3月1日　1刷

著　者　田 中 英 夫　

発　行　丸善プラネット株式会社
〒101-0051　東京都千代田区神田神保町二丁目17番

発　売　丸善出版株式会社
〒101-0051　東京都千代田区神田神保町二丁目17番

組版·印刷·製本　株式会社留萌新聞社　印刷事業部 あるふぁらんど

ISBN978-4-86345-558-0 C1087　Printed in Japan